1분,

당신에게 닿기를

33년차 방송작가의
라디오 오프닝 모음집

1분,
당신에게 닿기를

김규희 지음

여는 글

"혹시, OOO 프로그램 작가님 계세요?"

어느 날 방송국으로 걸려온 전화 한 통, '무슨 일일까?' 기대 반, 걱정 반으로 "전데요" 라고 답했습니다. 그 분은 본인을 80대 애청자라고 소개하며, 이렇게 말씀하셨죠,

"작가님, 저는 평생 어머니 없이 살았지만 만약 어머님이 계신다면, 작가님의 오프닝 같은 사람이 아닐까, 생각합니다. 매일 매일 오프닝 들으면서 따뜻함을 느끼고, 살아갈 힘을 얻고 있어요, 감사하다는 말씀드리고 싶었어요."

순간, 작가로 살았던 수많은 시간이 보상받는 느낌이었습니다. 20대 이른 나이에 결혼을 해서 출산, 육아, 입시전쟁, 게다가 양가 부모님까지, 챙겨야할 것들은 또 얼마나 많았는지요, 그 와중에 글을 쓰며 밤을 새우고, 개편마다 마음 졸이면서 작가로서 끈을 놓지 않았지만, 누가 내 글을 알아줄까, 싶은 시간이었습니다.

그런데, 그 하루하루가 쌓여 만들어진 글들이 누군가의 인생에 따스한 바람 한 자락을 건넸습니다. 그렇게, 지금까지 힘을 내서 글을 쓰고 있습니다.

제 글의 시작과 끝은 청취자들입니다.
하루종일 운전하는 운전자들의 라디오에서~
열심히 미싱을 돌리는 옷 공장에서도~
공원 한 구석 스피커에서도~
빡센 하루의 끝에 쇠주로 노동의 고단함을
털어내는 자리에서도~
청취자분들은 울고 웃으며 공감해주셨습니다.
이 마음을 여러분과 함께 나누고 싶습니다.

스쳐 지나가는 순간,

제 글을 읽는 모두의 마음에 오늘도 따뜻한 흔적 하나 남기길 바랍니다. 저의 오프닝을 통해, 돋보기로 들여다본 여러분의 세상도,평안하고 아름답길 기원합니다.

2025년, 가을의 초입

김규희

| 일러두기 |

*물결표 이야기 (이야기 속에 수록되어 있음)
*언어의 맛을 살리기 위해, 일부는 정형화된 표기 대신 작가가 즐겨 쓰는 표현을 그대로 옮겼습니다. 텍스트에는 신조어나 한때의 유행어가 포함되어 있으며 이는, 저자의 글맛을 위한 선택입니다.

목차

1장
오늘의 나에게

2장
관계의 온도

3장
일상의 철학

4장
웃음이 필요한 날엔

5장
계절이 건네는 이야기

1장

오늘의 나에게

인생은,
상상할 수 없는
기적의 시간

얼마 전, 오래 알고 지낸 어르신께서
"상상도 할 수 없는 기적같은 시간이 인생이다"
라는 말씀을 하셨는데요,
굉장히 뭉클하게 다가왔습니다.

가난한 시골에서 태어나,
유일한 꿈이, 농부의 아내가 되어,
삼시 세끼 쌀밥 먹는 일이었던 소녀가
도시로 나와 공부를 하고
지금은 자식과 손주들까지 거느린
대가족의 할머니가 되셨는데요,
이런 삶은, 감히 상상도 할 수 없었다고 합니다.

기적은,

의료기술로 고칠 수 없었던 환자가 낫고,

바윗덩이를 한 번에 드는 것처럼

영화 속에서 벌어지는 일이 아닙니다.

도저히 이뤄질 수 없을 것 같았던 일들이

인내와 성실로 이루어지고,

아픔 속에서도 뚜벅뚜벅 성실히 걸어간 하루하루가

기적같은 삶을 만들어갑니다.

지금 혹시 지쳐있다면!

먼 훗날 기적같은 순간을 떠올리며

다시 한 번 힘을 내보시기 바랍니다.

엄마 손의 위로

어렸을 때 아랫배가 사르르 아플 때면

따뜻하게 배를 어루만져 주던

"엄마손", 기억하시나요?

엄마의 손길이 닿으면

마치 꾀병이었던 것처럼 아픈 배가 나았는데요,

과학적으로도 효력이 있다고 하죠,

하지만, 엄마손이 더 효과가 좋았던 이유는

"괜찮다, 다 괜찮다..."라며

아픔을 어루만지는 손길,

따스한 위로 때문, 아니었을까요?

오늘, 여러분의 하루는 어떠셨나요?

역시, 많은 상처를 받으며 보내셨을지도 모릅니다.

사람을 만나다보면 겪게되는
사회생활의 필수품 같은 것이니까요,
그럴 때마다 조건없이 위로해주던
엄마손을 떠올리며
꿋꿋하게 이겨내시기 바랍니다.

브레히트의 망명과
예측불허 인생

독일의 유명한 극작가인 *브레히트는
나치정권을 피해
덴마크로 망명생활을 했는데요,
금방 고국으로 돌아갈 것으로 생각하고,
덴마크에서의 달라진 환경에 적응할 노력을
하지 않았다고 합니다.

하지만, 그는 덴마크, 미국을 거쳐
결국 15년만에 고국으로 돌아오게 되는데요,
이때의 심정은
『망명기간에 관한 단상』이란 멋진 시로 탄생했습니다.

*베르톨트 브레히트(1898~1956)
독일의 극작가·연극연출가·시인

삶은 이렇게 예측 못한 일들로 가득합니다.
'이번 주는 아무 일 없이 지나가겠지'
하지만 갑자기 이곳저곳에서 일이 터집니다.
반면, '힘든 하루가 되겠지'했는데
의외로 술술 잘 풀리기도 하구요,

모든 것을 완벽하게 준비한다해도
계획대로 되지 않는 경우가 많습니다.
예측불허 인생!!!
그래서, 삶이 더 재밌어지나 봅니다.

삶의 단맛

음식의 맛을 표현하는 오미(五味),
단맛, 쓴맛, 신맛, 짠맛, 매운맛 중에서
가장 억울한 맛이 단맛입니다.

몸에 해로울 것도 같고,
인생에 비유할 때도
'단맛만 봤다'라고 하면
당당하지 못하게도 느껴지구요.

하지만, 음식에서도, 삶에서도,
단맛은 반드시 필요합니다.
쓰고 시고 짜고 매운맛만 있다면
삶이 얼마나 힘들까요,

피로할 때, 힘들 때 당을 보충하듯이
부지런히 달려온 오늘 하루,
적절히 단맛을 즐길 때입니다.

하루 잘 마무리하고,
내가 좋아하는 것, 하고 싶은 것 하면서
피로해소, 활력충전 해 보시기 바랍니다.

인정해야 할 때...

언젠가부터 3달에 한 번씩
세브란스에 검진을 받으러 갑니다.
가서 채혈을 한 후,
좋지 않은 결과를 보인 혈당, 콜레스테롤 등을
집중적으로 살펴보고, 약을 처방받습니다.
인정하고 싶진 않지만
몸을 돌봐야할 시기가 온 거죠.

계절도 마찬가집니다.
찰나의 순간으로 머물다 가는 계절을
조금더 붙잡고 싶지만
항상 빛나는 시간들은 너무 짧습니다.
이제 추억으로 남기고 보내야 할 때입니다.

그리고, 직장에서도 한창 때가 지났습니다.
훌쩍 커버린 아이들은
더 이상 내 손을 필요로 하지 않습니다.
인정하기 싫지만
역시 받아들여야 할 때입니다.

현실을 있는 그대로 인정하며
어느 노래의 가사처럼
우린 서서히 익어가고 있나봅니다.

하늘은 스스로 돕는 자를 돕는다

좋아하는 TV 프로그램 중에
*기업의 CEO가 분장을 하고
위장취업을 하는 프로그램이 있는데요,

『언더커버 보스(미국 CBS)』

프로그램의 하이라이트는,
CEO가 자신의 정체를 밝히며,
어려운 상황에 처한 직원들에게
따스한 도움의 손길을 내밀 때입니다.
그런데, 이 직원분들은 한결같이
최악의 상황에서도 웃음을 잃지 않고,
희망을 놓지 않았다는 공통점을
가지고 있었습니다.

'하늘은 스스로 돕는 자를 돕는다',
속담을 다시 한 번 실감하는 순간인데요,

이런 반전, 우리에게도 가능하지 않을까요?
삶이 그댈 속일지라도,
슬퍼하거나 노여워말고,
희망 놓지 않고,
당당하게 걸어가보시기 바랍니다.

권선징악

한국인들이 가장 좋아하는 이야기 구조가
"권선징악"입니다.
착한 이를 괴롭히는 악인이
마지막에 벌을 받는 모습에선
앓던 이가 빠진 것처럼, 속이 시원~한데요,
실제 삶에선 보기 힘든 모습이기 때문에
더 통쾌하게 느껴지는지도 모릅니다.

솔직히 눈치에 익숙하고
자기 잇속을 챙기는 이들이
겉으론 잘 살아보이기도 하는데요,
하지만, 아직은 권선징악의 힘을
믿고 싶습니다.

더 이기적이지 못해도,

더 챙기지 못해도,

결국은 콩쥐가 이기고,

심청이 행복한 결말을 맞이하겠죠,

이런 믿음이 묵묵히, 선하게,

오늘을 살아가는 우리에게 힘을 줍니다.

아름다운 바다와
노을의 순간

SF 영화 『블레이드 러너』에는
빛으로 물든 바다를 보며 감동하는
복제인간이 등장합니다.

개리 코왈스키라는 동물학자는
저녁 노을의 아름다움에 넋을 잃은 채,
식량도 버리고,
숲 속으로 걸어가는 침팬지를 소개합니다.

아드리안 커트틀란트의 『침팬지 이야기』

복제인간과 침팬지마저
넋을 잃게하는
아름다운 바다와 노을의 순간!,

일상 속 이 빛나는 순간들을
인간인 우린,
과연, 느끼며 살아가고 있을까요?

생기 넘치는 도로의 모습~,
나뭇잎들이 바람에 흔들리며 내는 소리~,
흐리지만 분위기 있는 풍경 등
마음 바쁜 하루지만
일상 속 빛나는 아름다움을 놓치지 마시기 바랍니다.

성공보다 실패가 낫다?

성공과 실패 중 하나를 선택하라고 한다면,
대부분, 성공을 선택하겠죠,
그런데, 지인 중 한 명은
실패가 훨씬 낫다고 말합니다.

실패에서 얻는 것이 훨씬 많고,
성공은 당장 기분은 좋지만
남는 게 많지 않다구요,
의외였지만, 고개가 끄덕여졌습니다.

우린 살아가면서
참 많은 실패를 경험합니다.
초등학교 수학시험에서부터

대학입시, 직장 승진, 연애 등등...
실패 후엔 그 상처로 힘들어하죠.
그래서 삶이 더 고달픈 것, 아닐까요?

실패에서 교훈을 얻고,
어려움을 겪을수록 더 단단해질 수 있다면,
실패가 오히려 더 낫다는 지인의 말에
공감할 수 있겠죠.

잠시 멈춰, 생각해보시기 바랍니다.
우린, 실패에서
얼마나 많은 것들을 얻었을까요?

짜증도, 긍정도,
습관이야

나이가 들면
자연히, 몸 이곳저곳이 아프게 마련인데요,
반응은 극과 극으로 나뉩니다.
'힘들다'를 입버릇처럼 되내며
짜증을 내고
예민하게 구는 이들이 있는가하면
삶의 어쩔 수 없는 훈장 정도로 받아들이며
다른 즐거움을 찾으려는 분들도 있습니다.

그런데, 짜증이 많은 분들은
아픈 곳이 나아도, 여전히 불평불만입니다.
삶이란, 언제나 마음에 들지않는
다른 일이 생기게 마련이거든요.

이렇게, 짜증도, 긍정도
알고보면 습관입니다.

어떤 일이건, 빛과 그림자는 존재하죠.
밝은 빛을 볼 것이냐,
어두운 그림자를 볼 것이냐,

습관에 답이 있습니다.

세월의 선물

세월이 우리에게 주는
가장 큰 선물은
다른 사람에 대한 이해와 배려 같습니다.

얼마 전, 자칭 딸바보인,
젊은 아빠를 만났는데요,
부모가 되고보니,
산책길의 유모차가 보이고,
다른 집 아이들도 보이고,
한 사람 한 사람이 얼마나 소중한 존재인지,
부모님은 얼마나 훌륭하신 분인지,
알게 되었다고 합니다.

단지 시간이 흐르면

자연스럽게, 아이가 청년이 되고,

어른이 된다고 생각했지만,

직접 겪어보니,

그 속엔 수없이 많은 이야기가 숨어있었습니다.

단순히 흘러가는 것이 아닌,

시련과 극복의 과정,

그 시간을 이해하는 것만으로도

우린 충분히 훌륭한 어른이 되어가고 있습니다.

세월이 주는 선물, 잘 받아보고 계신가요?

이성계와 무학대사

조선을 세운 태조 이성계와 무학대사 사이에는
재밌는 일화가 있습니다. 태조가 무학대사에게
돼지처럼 보인다고 놀리자, 무학대사는 태조가
부처처럼 보인다고 답했습니다.

미안해진 태조가 그 이유를 묻자,
"부처의 눈에는 부처만 보이고,
돼지 눈에는 돼지만 보이는 법입니다"라는
유명한 말을 남겼죠,

동일한 대상이라도
누가 보는가에 따라
평가는 현저히 달라집니다.

분명 내가 보기엔 부족한 사람인데
어떤 이들은 멋지다고 칭찬하기도 하고,
반대의 경우도 있죠.
과연 내 마음은 어떤지,
한 번쯤 돌아보시기 바랍니다.

흔적

흔히 완성도 높은 드라마나
영화를 이야기할 때, '디테일이 높다',
'세부묘사가 뛰어나다'고들 합니다.
 등장인물 주변의 풍경을
섬세하게 나타냄으로써 어떤 사람인지,
심리는 어떤지를 잘 보여주고 있죠,

우린 평범하고 대단치 않은
하루하루를 살아가고 있다고 느끼지만요,
일상은 흔적을 남깁니다.

무심히 던져놓은 수건 한 장,
골목에 남긴 발자국에도

내가 어떤 사람인지 드러나고 묻어납니다.
범죄수사드라마 등을 떠올리면,
쉽게 이해가 가죠?

그렇다면, 나는 어떤 흔적을 남겼을지,
잠깐 재미삼아 생각해보면 어떨까요?
그리고, 지구상 수많은 인구들 중에서
오늘도 나만의 흔적을 남기며
당당하게 살아가고 있는 자신에게
칭찬 한마디 건네보시기 바랍니다.

우리를 살게 하는 건,
한 순간!

하루종일 일한 다음
현관문을 열면 느껴지는 집밥 냄새,
이 냄새에, 피곤했던 몸과 마음은
무장해제됩니다.

힘들게 버스를 운전한 다음,
종점에서 먹는 달달한 자판기 커피 한 잔,
이 한 잔 때문에,
지나온 시간의 피로가 사라집니다.

때론, 절벽 끝의 꽃 한송이를 보며
살아야겠다는 생각을 가지기도 하구요,

우리를 살게 하는 것은
긴~ 시간이 아닌,
아주 짧은 한순간입니다.

살다보면, 좌절하고 싶은 순간,
포기하고 싶은 순간이 찾아옵니다.
하지만, 힘을 내 일어설 수 있었던
"그 순간"을 떠올리며,
다시 일어서는 지혜를 발휘해보시기 바랍니다.

인생은,
준비하려고 태어난 것이 아니다

한 때, 수많은 청춘들의 가슴을 울렸던
소설 『닥터 지바고』에는 명대사가 나옵니다.
"사람은 살려고 태어나는 것이지,
인생을 준비하려고 태어나는 것은 아니다"

"인생을 준비하려고
태어나는 것이 아니다"라는 말,
참 위로가 되고 응원이 되었습니다.
준비없이, 처음 살아가는 인생이기 때문에
서툴고 힘든 것인데
괜히 이유를 찾고 있었네요,

모두에게 처음인 인생!!!,

처음인 오늘!!!,

그러니, 실수도 좋고, 실패도 좋습니다.

완벽해지기 위해 발 동동 구르는 대신,

넉넉하게 보내시기 바랍니다.

까르페 디엠(Carpe diem)!!!

속도의 시대,
뜨개의 위로

여러분은 "뜨개"하면
어떤 것이 가장 먼저 떠오르나요?
흔들의자에 앉은 할머니가
코끝에 안경을 걸치고,
한 땀 한 땀 조끼나 스웨터를 뜨는 모습,
그리고 '겨울에 하는 취미'라는
이미지도 떠오르죠.

하지만 요즘은 조금 다릅니다.
'뜨개'는 지금, MZ세대에게
가장 '힙한' 취미 중 하나로 떠올랐다는데요,
뜨개 카페, 뜨개 팝업스토어,
SNS 속 감성 사진,
그리고 최근엔 대형 영화관(CGV)에서

매월 마지막 주 목요일마다
'뜨개상영회'가 열리는데요.
뜨개를 하며 영화를 감상하는 이 상영회는
매번 전석 매진을 기록할 만큼
뜨거운 반응을 얻고 있다고 합니다.

한 코, 한 코.
실을 감고 바늘을 옮기는 단순한 동작 속에
어느새 집중이 되고, 마음은 차분해집니다.
빠르게 돌아가는 하루 속,
느리지만 정성스럽게 무언가를 해나간다는 것,
속도의 시대에
'뜨개'가 전하는 가장 큰 위로 아닐까요?

할머니는 척척박사

어렸을 때, 할머니들은 척척박사였습니다.
어떤 일이든 여쭤보면
바로 바로 답을 해주셨죠,
"할머니는 어떻게 그렇게 잘 알아?"하면
"겪어봐서 알지"라고 대답하셨습니다.

답은 경험에 있었습니다.

기쁨과 즐거움은 그렇다쳐도,
아픔과 상처에 대해서는, 큰 힘을 발휘합니다.
겪어봤기 때문에, 얼마나 아픈지, 힘든지 알고
또 극복해가며 살아왔기 때문에
그 상처 역시 회복될 수 있다는 걸 잘 알죠,

그래서 "호~"하며 불어주는 할머니의 입김에
상처는 사라지는 것 같고,
편들어 주는 할머니 마음에,
마음의 흉터 역시 아물었습니다.

나이를 꽤 먹은 지금,
여러분은 어떤 어른이 되어가고 있나요?
겪어봤기 때문에 흉터를 알아보고
더 큰 위로를 건네는 할머니의 모습을
닮아가고 있나요?

2장

관계의 온도

지금 나의 시간은,
누군가의 한없이 부러운 순간

엘리베이터에서
곱게 차려입고 이쁘게 화장을 한
윗층 할머니를 만났습니다.
어딜 가시냐고 여쭸더니,
"새댁 모임"이라시는 겁니다.
처음 결혼하고 만든 모임이어서
"새댁"이라고 이름을 붙였다는데요,
50년이 지난 지금까지 헌 댁들이
여전히 새댁 행세를 한다며
 환하게 웃으셨습니다.

그리고, 아직 4, 5, 6, 70대까지는
하고 싶은 것 마음껏 할 수 있는

젊고 부러운 나이 라는 말씀도
잊지 않으셨습니다.
알고보니, 지금 우리의 시간이
다른 이에겐 한없이 부러운 나이 였습니다.

먼 훗날 돌아봤을 때, 부러운 시간,
오늘 이 시간을, 마음껏 누려야겠죠?

행운의 2달러

선배 언니집에 초대를 받아
택시를 타고 한참을 가고 있었는데요,
기사분이 갑자기 뭔가를 불쑥 내밀었습니다.
"어? 이게 뭔가요?"당황한 저의 물음에,
"승객분에게 드리고 싶어요. 행운의 2달러!"
라고 말씀해주셨습니다.
깜짝 놀라 "과한 선물이예요"했더니
"지금까지 택시운전 하면서 이렇게 오래 기다려준
분은 처음입니다"하셨습니다.

생각해보니, 택시를 호출하자마자
갑자기 회사에서 긴급전화가 왔는데요,
그래서 기사분이 언제쯤 오셨는지,

얼마나 기다렸는지는,
생각도 못하고 있었습니다.

이후 기사님은
본인은 모 대형해운사 선장이었다,
어떻게 어떻게 해서 택시를 운전하고 있다 등등
목적지까지 가는 내내 재밌는 얘기를 해주셨죠.

행운의 2달러에, 5대양을 누빈
멋진 선장님의 무용담까지 들었으니
얼마나 멋진 시간이었는지요,
의도치 않은 기다림이 준
놀라운 선물이었습니다.

문화센터는
자랑센터?!?

나이에 상관없이

사람들이 많이 모이는

문화센터, 복지관 등을 가면

빠지지 않고 등장하는 소재가 있습니다.

자식 자랑, 부동산 자랑, 집안 자랑 등 인데요,

'그동안 내가 얼마나 노력을 했고,

그 결과 이렇게 잘 되어있다'라는

스스로의 자랑을 우회적으로 표현한 셈이죠.

그런데, 자세히 들어보면

본인의 인생은 빠져있습니다.

나는 나의 인생이 있는데

다른 이들 뒷바라지에만 시간을 보내다

인생이 모두 가버리는 것 같습니다.

그래서, 저는 이렇게 이야기하고 싶습니다.
"껍데기는 가라~가라~ 가라~"
내 인생 살아가며,
내 인생 사랑하는
여러분과 함께 하겠습니다.

편지쓰는 90세 할아버지

90세 할아버지와 87세 할머니 부부의
노년의 삶을 다룬
『인생후르츠』란 다큐멘터리 영화가 있는데요,
90세 할아버지는, 단골 생선가게에,
매번 편지와 그림을 보냅니다.
이 생선으로 어떻게 요리해먹었고
얼마나 맛있었는지, 감사를 전하는데요,
평범한 일상 속에서도 감사와 격려를 아끼지
않으며 사람들과 관계를 이어가죠.

할아버지에게서 편지와 그림을 받은 이들은
얼마나 큰 힘을 얻었을까요?
하루하루가 버겁게 느껴질 때가 있죠,

몸은 지치고, 마음엔 여유가 없을 때,
감사하고, 격려하며 함께하는 삶은
세상 가장 든든한 친구 이상입니다.

지금 곁의 누군가에게
"고맙습니다", "잘하고 있어요"라는 말,
한 마디 건네보면 어떨까요?

그리고 스스로에게도
"고생 많았어요, 오늘도 잘 해냈어요."
격려해주시기 바랍니다.

층간소음

외출했다 돌아오니,
현관문 앞에 종이가방이 걸려 있었습니다.
뭔가 보니, 윗층에서 보낸 쿠키였습니다.
몇 개월 간의 요란한 공사 후 이사온 윗집은,
맙소사! 개구쟁이 아들 형제가 밤낮없이 쿵쿵거렸습
니다. 하지만, 놀랍게도 밤 9시가 되면, 소음은 멈췄
습니다.

문득 우리 애들 키울 때가 생각났습니다.
아랫집은 빌런 중의 빌런이었습니다.
본인 아들이 밤 근무여서, 낮엔 집에 있으니, 절대
소리내지 말라고, 오전 오후 밤까지 매일 찾아왔습니다.
우리 애들 안 뛴다고,
그 아래층 화교분들이 매일매일 파티하니
그 소리 아니냐고 해도,

절대 아니라고, 아래층 소음은 못 올라온다고
우겼습니다. 결국 그 집은 윗층에 노부부가 사는
다른 동으로 이사갔는데요,

빠름빠름의 시대인만큼, 응징도 빨랐습니다.
후일담에 의하면, 그 집은
아주 조용한 시간을 기대했건만
더 심한 소음에 시달렸다고 합니다.

알고 보니
아래층에서 올라오는 소리 때문이었다는데요,
그래선지, 나중에 부동산에 말했답니다.
"이사 전, 윗층 살던 애기엄마한테 사과하고 싶다"고!
예전 생각을 하면 윗층 개구쟁이 형제의 발망치도
들어줄 만합니다.

어쨌든 애들은 크고, 9시 이후엔 조용하고,
모든 일엔 끝이 있으니까!

벤치 하나의 여유

얼마 전, 집 앞 마을 버스 정류장에
아주 작은 변화가 생겼습니다.
4명 정도가 앉을 수 있는
벤치 하나가 생겼는데요,
작은 의자 하나일 뿐인데 효과는 컸습니다.
근처 전봇대에 의지해
한숨을 쉬시던 어르신들은
의자에서 여유롭게 버스를 기다리구요,
중·고등학생들은 앉아 음악을 듣기도 합니다.
풍경 자체가 바뀌었죠,

우리 삶을 바꾸는 건
이렇게 큰 변화가 아닌,

애정어린 작은 배려에서 시작됩니다.

"언젠간 해야지,
그 때가 되면 다 보상해줄거야"
이런 거창한 계획보다는
시원한 물 한 잔, 바람 한 줄기,
따뜻한 말 한마디처럼
애정 넘치는 배려로
다른 이의 벤치가 되어보는 건 어떨까요?

참기름

"저기... 저기..."
상가를 지나는데
세탁소 사모님이 머뭇거리며 불러 세웁니다.
"안녕하세요? 왜 그러세요?" 여쭈니,
"참기름 한 병을, 꼭 선물하고 싶어서요"라고 하십니다.

이유가 짐작갔죠.
몇 년 전, 나름 고가의 청바지를 수선할 일이 있었는
데, 주말이고 워낙 급하다보니, 상가를 찾았습니다.
그런데, 웬걸, 항상 사장님 옆에서 주눅든 모습이던
사모님의 눈빛이 돌변했습니다.

"가만 있자... 이건 이렇게, 저건 저렇게..."
알고보니, 왕년에 구로공단에서

이름난 미싱쟁이라고 하셨습니다.

그 모습은 가히,

생활의 달인, 고수의 아우라 자체였죠.

당연히, 결과물은 100% 이상이었고,

우리집의 모든 수선은 사모님께로 향했습니다.

"최고!!!, 역시!!!" 란 수식어도 함께요!

사모님은 본인의 자존감을 이렇게 높여준 이는

처음이라며 고마워하셨습니다.

그리고, 마음을 표현해주셨나봅니다.

얼마나 알뜰하고 검소한 분인지 알기에

참기름 한 병은,

그 어떤 선물보다 가치있습니다.

참으로 귀한 참기름, 어떻게 먹어야할까요?

친구의 소원

얼마 전부터
발이 아프다던 친구가
알고보니 발바닥 인대가 늘어났다고
연락이 왔습니다.
아침 저녁 선선한 바람에
산책도 하고 싶었는데
이젠 걷기도 힘들게 됐다며
잘 걷는 이들이 무척 부럽다고 하네요.

걷기가 친구에게 소원이 될 줄이야,
어떻게 알았겠습니까?
때론, 공기처럼 익숙한 것들이
감사한 일이 되기도 합니다.

오늘도, 좋은 바람과 햇살을 즐길 수 있어서,
무탈히 하루를 보내고,
서로의 안부를 물으며 함께 할 수 있어서,
"감사합니다."

여러분은 오늘,
어떤 것에 감사함을 느끼셨나요?

시장 할머니의
속풀이

어렸을 때 살던 동네시장 입구에는
아침부터 저녁까지 작은 의자를 놓고
오가는 사람들에게
말을 거는 할머니가 있었습니다.

"그거, 그거, 맛있어, 그거 사."

추임새를 더하면서 주의를 집중시키면
곧이어 신세한탄으로 이어졌습니다.

부모님께 사랑받았던 어린 시절부터
시집와서 고생한 이야기까지,
한바탕 응어리진 이야기를 쏟아내고 나면
할머니의 기분은
한결 나아진 듯 보였습니다.

그렇게, 밝아진 표정으로
집으로 들어가곤 하셨는데요,
어렸을 땐 몰랐지만, 생각해보면,
이 속풀이는,
할머니 나름의 스트레스 해소방법이었습니다.

살다 보면 마음속에 맺히는 말들이
생기기 마련입니다.
누군가는 큰 소리로 풀어내고,
누군가는 글로,
또 어떤 이는 눈물로 털어놓기도 하죠.
여러분은 어떻게, 속을 푸시나요?
어떤 방식으로든
마음속 응어리를 툭~ 풀어낼 수 있는 시간,
꼭 만들어보시기 바랍니다.

아는 체, 잘난 체 대신!

가끔 집에서 아이들이 싸우면
난감할 때가 있습니다.
분명히 사실은 하나인데
아이들마다 다르게 이야기하거든요,

큰 아이는 큰 아이가 본 입장에서,
작은 아이는 작은 아이가 본 입장에서
이야길 하다보니
똑같은 사실이어도 전혀 다르게 이야기합니다.

어른들의 세상이라고 다를 건 없습니다.
누구나 본인이 본 것만 이야기합니다.
하지만, 조금만 더 깊이 생각해보면

사람이 눈으로 볼 수 있는 세상은
제한되어 있습니다.
바로 앞의 세상밖에 볼 수 없습니다.
옆, 그리고 뒤의 세상은
알려고 하지 않으면, 전혀 보이지 않습니다.

이렇게 세상엔 보이는 것 말고도
너무나 다른, 많은 세상이 있습니다.
내가 본 것이 다 인양, 아는 체, 잘난 체 대신
다름을 인정할 수 있는
성숙한 어른이 되시기 바랍니다.

조율하고 바꾸면서,
쌓아가는 관계

요즘 주변을 보면,

중년 이상의 분들에게 게임을 많이 권하는데요,

두뇌활동이 활발해지고

치매 예방에도 도움이 된다고 합니다.

그런데, 이 때 게임은,

젊은 층이 즐겨하는 게임이 아니라,

예전에 테트리스라고 불리던

퍼즐게임 등을 말합니다.

이 퍼즐게임, 기억나시나요?

다양한 막대모양을 이리저리 바꿔보다

원하는 자리에 들어갔을 때

"해냈구나"하는 묘한 성취감이 생깁니다.

이런 성취감 때문에 많은 분들이 좋아했는데요,

사회생활도 마찬가집니다.

무조건 내 주장만 내세우다간

원하는 결론에 도달하기 어렵습니다.

막대모양을 바꾸듯, 생각에 변화를 주고,

다른 의견도 들으며 어우러져야,

목표를 향해 나아갈 수 있습니다.

요즘 자식들 모두 성장시키고

관계 때문에 힘들어하는 분들도 많은데요,

마음에 들진 않지만 조율하고,

바꾸기도 하면서

만들어가는 지혜가 필요하지 않을까요?

사람의 소중함

가끔 인적 드문 길이나
가로등 하나 없는 어두운 밤길을
혼자 걸어본 적이 있으신가요?
외롭고, 무섭고, 언제 이 길이 끝날까,
때론 아득하기까지 한데요,
이 때 우연히 마중나온
가족이나 지인을 만나면
그렇게 반가울 수가 없습니다.
존재만으로도 든든합니다.

인생길에서도 마찬가지로
'사람'은 그렇게 소중합니다.

사람 때문에 힘들고, 어려운 일들도 많겠죠,
사회가 변하면서
혼자만의 시간이 더 좋다는 분들도 있지만요,
그래도 긴 인생길,
사람이 있어 든든합니다.

지금 함께해주는 소중한 사람들,
누가 있을까요?

할아버지가 계속 일하는 이유?

매일매일 부지런히 살다보면
가끔 막막해질 때가 있습니다.
습관적으로, 반복적으로, 일을 하다보니
왜 이 일을 하는지 의문이 들고
힘도 들고 짜증도 납니다.
마치 울퉁불퉁 힘든 길을
목표가 어딘지, 끝이 어딘지 모른 채,
무작정 가고 있을 때와 같은 심정이겠죠,

이럴 땐, 작은 일이지만
의미부여를 하는 것이 도움이 됩니다.

동네 작은 가게 할아버지는

손주에게 용돈을 주기 위해
일하신다고 하셨는데요,
좋아하는 손주의 얼굴을 떠올리면
절로 힘이 난다고 했습니다.

일상에 의미부여를 한다면,
조금 더 힘내서
하루를 보낼 수 있지 않을까요?

행복의 조건

아이들을 열심히 키우고 있는
전업주부 친구를 만났습니다.
친구는 제가 일하고
돈도 벌고, 정말 부럽다고 이야기했는데요,
저는 또 반대였죠,
시간에 쫓기지 않고 애들 학교보내고,
집안정리 할 수 있는 친구가 부럽다고
서로, '내'가 아닌 '네'가 더 행복하다고
소리 높여 언쟁을 벌였답니다.

그런데, 바꿔서 생각해보니,
친구가 말하는 '행복의 조건'을
전 이미 갖췄고,

친구 역시 제가 말하는
'행복의 조건'을 갖춘 거죠.

부러워만 말고,
가진 것들의 소중함을 안다면
충분히 행복해질 수 있을 것 같았는데요,
행복은 이미 '나'에게 와 있나 봅니다.

추석,
동대구역과 커피

"커피, 커피가 어딨지?"
동대구역에 들어선 아빠는 여느 때와 마찬가지로
까페를 찾기 시작했습니다. 추석을 맞아 잠깐 친정
에 들른 저에게 커피 한 잔 사주고 싶어서겠죠,
지금은 많이 약해진 아빠가 해줄 수 있는
유일한 사랑 표현이라는 걸 알기에,
전 손을 잡아끌고, 까페로 향합니다.

1988년 가을, 대입을 치르기 위해
난생 처음 서울로 왔을 때,
딸래미를 위해 다니던 일터에
처음으로 휴가를 낸 엄마 아빠는
세상 누구보다 커 보였고, 든든하신 분들이었죠.
결혼하고 나서, 친정에 들를 때도,
아빠는 항상 저를 마중하러
동대구역에 나왔습니다.

나이 50이 될 때까지

"아빠, 아빠" 하면서

만날 장소를 정하는 저를 보고

"아이고 마,

그 나이 되도록 그렇게 아빠가 좋나"

기차 칸 다른 아주머니들의

웃음섞인 비난을 받곤 했죠.

하지만 여든이 된 아빠는

더이상 운전해서 저를 바래다줄 수 없습니다.

그래도, 딸래미 주려고 바리바리 싼 짐들을,

야윈 아빠 몸 보다 큰 짐들을,

어깨에 걸터매고,

버스를 타고 배웅을 나옵니다.

그리곤 꼭 커피 한 잔을 사주시곤 하죠.

세월은 왜 이렇게 빨리 가는지...

앞으로 또 몇 잔의 커피를 더 마실 수 있을지...

애틋하고 마음저린 추석이었습니다.

3장

일상의 철학

백미러만 보고 살 수 없다

운전할 때 백미러는
반드시 필요한 도구입니다.
특히, 차선을 바꾸거나 변화를 줄 때
백미러를 보면서
다른 차량의 움직임을 점검하게 되는데요,
인생에 있어서는 어떨까요?

자기계발서로 유명한 작가 앤서니 라빈스는
"미래를 향해 가면서
백미러를 길잡이 삼는 사람이 너무 많다.
백미러만 보고 운전하면, 분명히 사고를 낸다"
라고 충고했습니다.

주변을 보면
"예전에 내가 말이야~, 왕년에~"라며
과거가 인생의 길잡이인 것처럼
조언하는 분들이 있죠,
또는 과거의 일에 발목을 잡혀
현재 고통에 빠져 있는 분들도 있습니다.

'백미러는 필요한 때, 한 번 보는 걸로 족하다!'는
사실을, 기억해주시기 바랍니다.

박수는 언제 칠까?

한국인들이 콘서트나 공연장에서
박수를 치는 순간은 언제일까요?
바로,
"다른 사람들이 박수를 칠 때"라고 합니다.
스스로의 감정보다는
주변의 시선을 더 의식하는
우리의 모습을 잘 보여주는 말이죠.
우스갯소리 같지만,
어쩐지 고개가 끄덕여집니다.

회사에서도, 집에서도
우리는 늘
다른 사람의 감정을 먼저 생각합니다.

'기분이 상하진 않을까',
'말 한마디에 오해가 생기진 않을까'
시선은 늘 '나'보다는 '남'에게 향해 있죠.
그렇다면, 이번 한 주,
과연 나 자신을 위해 쓴 시간은 얼마나 있었을까요?

다른 누구도 아닌,
오롯이 '나'에게 박수쳐주는 시간,
꼭 한 번, 가져보시기 바랍니다.

쓸모

아침부터, S페이 오류로 결제가 지연되면서
작은 소동이 있었습니다.
모바일 결제가 대세가 되면서
요즘은 실물 카드를 꺼내는 일조차 드물다 보니,
'쓸모가 다 한 건 아닐까?'싶은 순간이 많았는데요,
오늘 같은 날은, 존재감이 뚜렷해졌습니다.

지도도 마찬가지입니다.
내비게이션에 의지하면서
자리는 줄어들었지만,
손으로 짚어가며 길을 찾는 재미는
여전히 사라지지 않은 '쓸모'입니다.
심지어 스마트폰에 밀려났던 디지털 카메라도

다시 주목받고 있습니다.
쓸모가 다 한 줄 알았는데,
오히려 필요한 순간에, 빛을 발합니다.

살다 보면, 문득
'나도 필요없는 사람이 된 건 아닐까'
하는 마음이 들 때가 있습니다.
특히 오랜 시간 일한 직장에서 퇴직하거나,
몸이 예전 같지 않을 때,
그런 생각은 더 짙어지죠.

이럴 때면
드라마『무빙』의 명대사가 떠오르는데요,
"세상에서 아무 쓸모가 없어진 기분이야."
남편의 말에
"넌 나의 쓸모야. 난 너의 쓸모고."
아내가 대답해주죠.
함께하는 의미가 있다면,
여전히 우리는 누군가에게
꼭 필요한 쓸모입니다.

운전의 손맛

요즘 신기술 소식을 접하다보면
놀랍기만 합니다.
운전대 없는 자율주행차,
페달 없이 움직이는 차 등등,
상상을 뛰어넘는 세상이 펼쳐질 것 같은데요,
운전자의 상태와 상관없이
안전하게 도로를 달리는 차라니,
'편리하겠다' 라는 생각이 들지만요,
섭섭한 것도 사실입니다.

운전의 즐거움 중 하나가
운전대를 돌리면서 느끼는 손맛!이거든요.

칼국수의 경우만 해도 파는 면 보다는
밀가루를 직접 반죽해서 손으로 만드는 과정을
거쳐야 쫄깃쫄깃한 제맛이 납니다.
기술은 진보해도, 손맛은 반드시 필요합니다.

편리한 세상이 과연 좋기만 한 걸까,
인간적인 손맛이 그리워지는 오늘입니다.

행복의 크기

산책하기 좋은 하루였습니다.
저 역시 집 근처를
천천히 산책하고 있었는데요,
오픈 준비를 하고 있는
조그만 가게가 눈에 띄었습니다.

가게 안에는 한 분이 일을 하고 있었는데,
흥겹게 노래를 부르고 있었죠,
그 모습이 어찌나 유쾌해보이는지
지켜보는 저 역시,
절로 콧노래가 나올 것 같았는데요,
양팔을 뻗으면 닿을 듯한 가게였지만
그 분 행복의 크기는

잴 수 없을 정도로 커 보였습니다.

정말 원하는 일을 하며 살아간다면,
더 이상 바랄 것이 없겠지만요,
살다보면 싫어도 어쩔 수 없이
뭔가를 해야만 하는 경우도 있습니다.

이렇게 좋은 날도 쉬지 않고
일해야한다면 더하겠죠.
하지만, 이왕 해야한다면,
그 안에서
재미와 즐거움을 발견해보는 건, 어떨까요?

비누와 세탁기,
그리고 안전띠!

"비누! 세탁기! 안전띠!"

상관없어 보이는 이 셋의
공통점이 무엇일까요?
인류의 삶을 발전시키고
편리하게 만든 위대한 발명품들입니다.

지금은 집안 어디에서나 볼 수 있는 비누 덕분에 유럽인들은 전염병과 피부병으로부터 해방되었고 평균수명도 20년 연장되었습니다.
세탁기는 가사노동으로부터
편리를 가져다줬구요,
안전띠는 수많은 생명을 구해줬습니다.

우리가 당연한 듯 쓰는 것들이
알고보면 많은 이들의 노력 속에서
이뤄진 것들입니다.

누군가의 정성으로 만들어진 오늘 일상!
꽉차게, 최선을 다해서 보내야할 이유겠죠?

결국, 인생은 해피엔딩

가끔, 현실이 너무 힘들 땐,
"그냥 드라마 속 한 장면이면 어떨까?"
이런 생각이 들 때도 있죠,
하지만, 드라마 속 주인공들은
꿋꿋이 캔디처럼
괴로워도 슬퍼도 울지 않으며
현실을 이겨나갑니다.

그리고, 우린, 내가 주인공인
"인생"이라는 드라마를 살고 있습니다.

잊지 마세요!

이 드라마의 끝이 해피엔딩일지,

그렇지 않을지는,

주인공인 내게 달려있다는 사실을!

컬러링북

한동안 '컬러링북'이
유행했던 적이 있었습니다.
집중해서 색칠을 하다보면
머릿속에 복잡한 생각이 사라지고
뇌가 휴식을 취할 수 있게 도움을 준다고 해서
젊은 층 사이에서 인기가 높았는데요,
스트레스 해소용으로,
시간 때우기로는, 그만이었습니다.

그런데, 이 컬러링북으로
색칠하기를 계속하다
본격적인 그림그리기에 도전했다는
지인의 이야길 들었습니다.

단순하게 시작한 일이,
삶 전체를 풍요롭게 하는 취미로 발전했습니다.

똑같은 상황에서도
누군가는 평생의 즐거움을 발견하고,
누군가는 평범하게 시간을 보냈습니다.

문득, 오늘부터
주변을 자세히 둘러봐야겠다는 생각이 드네요,
조금 더 즐거운 일들, 발견할 수 있지 않을까요?

이 대신 잇몸으로도 충분!

'이 대신 잇몸'이라는 말이 있습니다.
반드시 필요하다고 생각하던 것들이 사라졌는데
다른 것으로 대신할 수 있을 때
이런 표현을 사용합니다.

대표적인 경우가 여성분들의 화장품이죠.
이것 다음에 이것, 이것 다음에 이것,
바르는 순서가 정해져있는데요,
솔직히 하나쯤 빠져도 괜찮습니다.
때론, 반드시 필요한 것이었을까,
다시 한 번 생각도 해보게 되구요,

이렇게 인생에선
의외로 불필요한 것들이 꽤 많습니다.
단지 욕심 때문에 놓치 못하고 있을 뿐이죠.
적게 먹고 적게 입고
소박하게 살겠다고 마음 먹으면
홀가분하고 마음의 여유가 생기는데 말이죠,

내 마음을 힘들게 했던 것들이
부질없는 욕심 때문은 아니었는지,
과연, 삶에 반드시 필요한 것들인지,
생각해보시기 바랍니다.

종이컵 커피믹스의 진실

'종이컵에 커피믹스'가 맛있는 이유에 대한
재밌는 주장이 있는데요,
'컵을 씻지 않아도 돼서,
종이컵이 물함량을 맞춰져서' 등등
고개가 끄덕여지는 이유도 있지만요,
사실은, 기대치가 굉장히 낮아서라고 합니다.

멋진 잔에 담겨나오는 고급 커피의 경우,
어떤 맛일까, 기대가 상당히 높은데요,
이와 달리, 종이컵은 기대치 제로라는 거죠,
생각없이 마셨다가
의외의 맛에, 즐거움이 커진다는데요,

때론 지나친 기대가,
즐거움을 줄일 수도 있습니다.

있는 그대로의 순간을 받아들이다보면
오히려,
뜻밖의 기쁨과 여유를 누릴 수도 있겠죠?

작은 꽃에 렌즈를 대면?

얼마 전, 꽃을 선물로 받아
유리병에 꽂아뒀는데요,
그 모습이 아름다워, 사진으로 찍기위해
스마트폰 렌즈를 가져다가 확대해봤습니다.
그랬더니, 이 작은 꽃에도
꽃잎, 꽃받침, 암술, 수술이 오밀조밀 모여 있었습니다.
"이 작은 꽃도, 생명으로서, 할 일을 다하고 있구나"
경이로움을 다시 한 번 느꼈는데요,

때론, 일상에 카메라 렌즈를 대면
이렇게 몰랐던 아름다움을 발견하게 됩니다.
커피잔을 찍었을 뿐인데도

햇살이 비쳐
음영이 생긴 멋진 모습으로 찍힐 때가 있거든요.
렌즈로 확대한 세상처럼
일상의 작은 부분에서도 아름다움을 발견할 수
있는 여러분이 되었으면 합니다.

집중력과의 전쟁

전세계 작가들의 가장 큰 고민거리 중 하나가
의외로 집중력과의 전쟁이라고 합니다.
늦은 밤, 책상 스탠드 아래서
고독을 씹으며 집필에 몰두하는 모습이
과거 작가의 모습이었는데요,
컴퓨터로 작업방식이 바뀌다보니
포털도 검색하고,
세상 소식도 힐끗거리고
신경이 자꾸 분산된다고 합니다.

편히 쉬어보려고 해도
세상 일은 왜 자꾸 궁금한건지,
어디서 소식 온 건 없는지,

스마트폰을 뒤적이는 우리와 비슷한데요,
사람사는 모습은 다르지 않다는 생각이 듭니다.

지금 여러분의 모습은 어떤가요?
스마트폰,
마음을 복잡하게 하는 모든 것들로부터
해방되어보시기 바랍니다.

익숙할수록...

나이가 들수록
낯선 길, 낯선 곳보다는
익숙한 것들에 끌리게 마련입니다.
긴장하지 않아도 되고,
서투른 행동을 하지 않아도 되죠,
그런데, 이 편안함이, 좋지만은 않습니다.

도로를 달리는 운전자들에게
눈에 익은 길은
위험을 불러올 수도 있다고 하네요,
잘 안다는 생각에 마음을 놓다보니
과속이나 난폭운전으로
이어질 수도 있다는데요,

사람사이의 관계도 비슷하다는 생각이 듭니다.
주변에서 항상 챙겨주고 아껴주는 이들에겐
무덤덤해지고 예의를 잊어버립니다.
대신, 딱 한 번의 친절을 잊지 못하고
두고두고 이야기합니다.

익숙하기 때문에,
소홀히 대한 이들은 없었는지,
둘러보시기 바랍니다.

손가락 한마디까지,
소중한 인생

제주 사는 지인이
감귤 한 박스를 선물로 보냈습니다.
기쁜 마음에 귤을 이리저리 옮기다가
귤 꼭지에 있는 부드러운 가시에
손이 찔리고 말았습니다.
겨우 손가락 한마디 찔렸을 뿐인데
왜 그렇게 아프던지요,

설거지를 하려고 해도,
아이 숙제를 도와주려고 해도,
그 아픈 것이 걸려서
제대로 하기가 어려웠는데요,

이렇게 몸의 작은 일부분인

손가락 한마디 까지,

삶에서

소중하지 않은 건 없다는 생각이 들었습니다.

아프고 나서야, 잃어버리고 나서야 후회말고,

지금, 소중함을 깨닫고,

많이 감사한 하루 보내시기 바랍니다.

예상치 못한 순간

우연히 시간이 좀 남아
까페에 갈까 망설이다
작은 도서관이 눈에 띄여 발길을 돌렸는데요,
그곳에서, 반가운 책을 만났습니다.

좋아하는 작가의 신간이
막 도착해 있었죠,
금방 책이 들어와선지
아직 아무도 대출하지 않은 상태였습니다.
처음으로 그 책을 빌려 오는 길,
기분이 들뜨고 행복해졌습니다.

그러고보면,
'행복이 뭐 별 건가'싶더라구요,

예상치 못한 이런 반가운 순간이 있고,
또, 건강하게 쑥쑥 자라는 아이들이 있고,
힘들 때 떠오르는 얼굴이 있고,
밥 한 끼 나눌 친구가 있다면,
충분하지 않을까요?

기회는 언제나
바로 옆에~

흔히 도로를 '인생의 축소판'이라고 하죠.
그래서인지, 도로 위를 달리다 보면
삶이 겹쳐 보일 때가 있습니다.
아무리 막힌 길이라도
운전에 집중하며 기다리다 보면
다른 차로로 빠져나갈 기회가,
혹은 속도를 낼 순간이 찾아옵니다.

꽉 막힌 현실 같지만, 인내하고 견디다 보면
뜻밖의 전환점이 찾아오는 것처럼요.
하지만 도로에서 집중하지 못하고
주변 상황을 제대로 살피지 않으면,
간신히 찾아온 찬스를 놓치기 쉽습니다.

혹시 지금,

"가능성이 없다"며

주저앉아 계신 건 아니신가요?

알고 보면,

기회는 언제나 바로 곁에 있을지 모릅니다.

개운죽 한 그루

음료수를 먹고 난 후,
투명한 병이 너무 싱그러워 버리는 대신
물을 좀 붓고
'개운죽'이란 식물을 키우기 시작했는데요,
의외로, 생활의 활력소가 되고 있습니다.

잔뜩 쌓인 일들을 하다가 고개를 돌려보면
물 속에서 싱싱하게 자라는 모습이
청량하기까지 합니다.
생각지도 않은 즐거움이어선지
더욱 기분좋은 경험입니다.

삶을 즐겁게 하는 일들,
이렇게, 대단한 무엇도,
큰 일도 아닙니다.

오늘도, 작은 즐거움 많이 많이 발견하면서
활력 넘치게 보내시기 바랍니다.

러너스 하이

주변을 둘러보면,

거리에서 달리는 분들이 부쩍 늘었습니다.

운동복 차림으로 가뿐하게 뛰는 모습이

이제는 꽤 익숙해졌는데요,

TV 프로그램의 영향 때문인지

러닝, 특히 마라톤이

선풍적인 인기를 끌고 있습니다.

요즘은 3km, 5km 등

가벼운 코스가 많아졌지만

마라톤의 본모습은 역시 42.195km!

듣기만 해도 숨이 차오르는 거리입니다.

이 긴 코스를 왜 달리냐고요?

마라토너들은 "러너스 하이"때문이라고 말합니다.

달리다 보면 힘든 순간이 문득 사라지고,

어느 지점에서부터는

오히려 기분이 붕~ 떠오른다는데요,

몸 안에서 '행복 호르몬' 엔돌핀이 터지는 순간!

이 특별한 경험이,

마라톤을 멈출 수 없게 만드는 거죠.

살다보면, 누구나 그런 경험을 하게 됩니다.

몰입하고, 좋아하고, 즐기다 보면

힘든 일도 어느새 즐거움으로 바뀌는 순간이 있습니다.

멈추지말고 꾸준히 달리다보면,

러너스 하이처럼,

우리 삶에도,

기분 좋은 순간이 기다리고 있겠죠?

일상의 매력

외국인의 한국 여행기를 담은
TV 프로그램이 인기인데요,
익숙하기 때문에 발견하지 못하는 일상을
다시 보게끔 만드는 매력이 있습니다.

무심코 지나치는 지하상가가
외국에선 보기 힘든 럭셔리 시설이라는 사실,
수학여행지였던 경주의 유적들이
얼마나 자연과 조화를 잘 이루고 있는지,
재래시장과 게임장 등이
얼마나 재밌는지 등을 발견할 수 있는데요,

새로운 시선으로 보면

익숙한 일상도 한층 매력적으로 다가옵니다.

가까운 이들과도 식사 한 끼,

대화도 나눠보며

'이런 점도 있었구나~'

매력을 발견해보시기 바랍니다.

제철음식 먹는 삶

제철에 나는 식재료로 삼시세끼를 해먹는 것은
한 때는 당연한 일이었지만
요즘은 극과 극 인 것 같습니다.
미식에 탐닉하며,
맛난 것을 찾아다니는가 하면,
'한 끼 때운다'는 말처럼
간단하게 끼니를 해결하는 분들도 많습니다.

음식은 단순히 먹는 행위만은 아닙니다.
평범하게 맞이하는 한 끼 식탁이 차려지기까지
많은 분들의 땀이 깃들여있다는 사실,
그 사실을 깨달으며 감사하는 마음, 아닐까요?

그래서, '잘 사는 삶이란,
제철 음식을 먹고 사는 삶'이란
말까지 생겼나봅니다.

제철음식 먹을 수 있는 삶,
살아가시기 바랍니다.

선택은 각자의 몫

얼마 전, 집 주변을 산책하고 있었는데요,
앞서가던 두 분이
재밌는 대화를 나누고 있었습니다.

한 분이,
"에이, 꽃도 거의다 져버렸잖아,
좋은 시절 다 갔네..."라며 아쉬워했더니
같이 가시던 다른 한 분이,
"무슨 말이야, 여전히 장미꽃도 예쁘고,
잎들이 이렇게 통통하게 물이 올랐네,
요즘이 최고지~"이렇게 답하는 겁니다.

똑같은 풍경을 보고도
어쩌면 그렇게 다른 생각을 할 수 있는지,
사람은 참 각양각색이다라는 걸,
다시 한 번 깨달았는데요,

지나가버린 것들을 생각하며,
아쉬워할 것이냐,
지금, 우리가 누릴 수 있는 것에
행복해할 것이냐,
선택은 각자의 몫이겠죠,
여러분은 어느 쪽이신가요?

5분

명절을 앞두고 있어선지
아침 일찍부터 도로가 북적였습니다.
출근시간이 조금 지난 무렵,
평소보다 조금 일찍 회사로 출발한 딸에게서
연락이 왔습니다.
딸이 타고 간 지하철의 다음 편부터
지하철이 지연되어 10분씩 늦어지는 바람에
딸을 제외한 신입사원 전원이 지각해서
한소리를 들었다고 했습니다.

'5분 먼저 가면 칭찬,
5분 늦으면 사고'라고
수도 없이 되뇌지만

별의 별 일이 다 생기는게 도로요,
인생입니다.

매일 제때 출근하는 거,
그것만 해도 성공한 삶이구나,
'잘하고 있구나'
칭찬하고픈 날입니다.

매일의 힘

친구들과 여행을 갔을 때,
아침마다 스트레칭을 하는 친구가 있었습니다.
시간은 10분 정도로 짧았지만
하루도 거르지 않은 이 스트레칭 덕분에
건강을 유지하고 있다는 이야기를 들었는데요,
공감이 갔습니다.

"매일"의 힘은 대단합니다.
미국의 전설적인 홈런 타자 행크 아론은
매일 정신이 아득할 정도로
많은 시간을 연습에 쏟고나니
투수가 공을 던지기 전부터
어떤 공을 던질 것인지

예측까지 하게 됐다고 합니다.

시간과는 상관없이,
매일 반복하는 습관이
삶을 지키고, 결국 능력이 됩니다.
그래서 생활의 달인도 탄생할 수 있는 거구요,

매일의 힘으로,
삶도, 건강도, 든든히 지켜보시기 바랍니다.

'그 곳'이 부러울 땐

기차를 타고 가다~
흔들흔들 버스에 몸을 맡기고 가다~
고개를 돌렸을 때 마주치는 풍경이
가슴에 와 닿을 때가 있습니다.

한적한 농촌,
따스한 느낌이 가득한 실내,
때론 일터로 바삐 향하는 사람들 등,
시선이 닿지 않은 '그 곳'엔
내가 가지지 않는 무언가가 있을 것 같습니다.

하지만, 문득 생각을 바꿔봅니다.
창 밖의 '그 곳'에서도

차 안의 나를 보며 부러워하지 않을까,

결국, 지금의 나의 모습이,
다른 이에겐
부러움의 대상이 될 수도 있습니다.
지금에 만족하며,
여유롭고 멋진 시간, 보내시기 바랍니다.

보복운전

"빵아앙, 빠앙앙!!!"
몇 분 전부터 경적소리가 시끄럽게
택시를 따라붙었습니다.
택시를 타고 목적지로 향하던 중,
기사분이 살짝 급하게 끼어들기를 했나봅니다.
뒷차는 부아앙~ 속력을 내며
내가 탄 택시를 따라오고 있었죠,
'할 일이 저렇게 없나' 생각하고 있는데,
갑자기 추돌할 듯이 옆으로 붙었습니다.
그리고, 창문을 모두 내리면서
"이 개 XXX 야, XXX XXX"하며
2~3명이 동시에 욕을 해대기 시작했습니다.
머리는 산발을 하고, 일그러진 얼굴로,
손가락으로, 입으로,

악담을 퍼붓기 시작했죠.

"절대 상대하지 마세요"
라고 기사분께 말씀드리니, 돌아온 답은,
"에휴, 저런 사람 흔해요, 이젠 이골이 났어요"
였습니다.

도로 위도, 인생도
실수는 있게 마련이죠,
그 실수 하나 품어줄 마음 한 자락이 없다니...
푸른 하늘은 아름답기만 한데,
세상은 왜 이렇게 팍팍해져가는지,
씁쓸한 하루였습니다.

집착을 내려 놓으니!

지인들과 이야길 나누다보면
걱정 많은 분들이, 의외로 많습니다.
꼬리에 꼬리를 무는 생각으로
잠을 잘 못잔다는 분들도 있는데요,
걱정과 관련해서
예전에 봤던 코미디 영화 『모던 타임즈』에서의
한 장면이 떠오릅니다.

주인공은 굳게 닫힌 문을 열기 위해
온 힘을 다합니다.
땀을 뻘뻘 흘리며 밀어보지만,
문은 꼼짝을 안하는데요,
결국 포기하고 땀을 닦기 위해

모자를 벗어 문 손잡이에 걸어놓는 순간!!!
거짓말처럼 문이 옆으로 스르르 열립니다.
집착을 내려놓으니
쉬운 해결책이 옆에 있었습니다.

마음을 고요히, 한 발자욱만 뒤에서 본다면
의외로 답은 가까이 있습니다.
지금 내 앞의 걱정도 마찬가지겠죠?

나의 보물

얼마 전 거리를 가는데
아주 오래된 자동차 한 대가 지나고 있었습니다.
H사에서 나온 우리나라 최초의 P(포니)로 시작하는
자동차였는데요,

지나가던 사람들은
"멋있다"감탄하며 인증샷을 찍었고,
저도 처음 보는 모습이라 신기하기만 했습니다.
그런데, 더 놀라운 건 이 차의 상태였습니다.
반짝반짝 새 차처럼 빛나는 모습이
얼마나 주인이 애지중지했는지,
알 수 있었는데요,

처음엔 단순한 차에 지나지 않았겠지만
세월과 주인의 사랑이 더해져
소중한 보물이 된 것만은 분명합니다.

보물... 하면,
거창한 유적들을 떠올리기 쉽지만요,
오래된 자동차, 할머니의 호롱불, 그릇 등,
우리만의 추억과 이야기가 있고
아들 딸 손주에게 전해주고 싶은 것이 있다면
그것이 바로 '보물'아닐까요?

여러분에겐, 어떤 보물이 있나요?

검색 대신
사색을

어깨와 목이 뻐근해서 병원을 갔더니
스마트폰 때문인지
같은 증상으로 병원을 찾는 분들이 많았습니다.

현대인들의 특징 중 하나를 꼽으라면
스마트폰으로 '검색하는 인간'일 텐데요,
아이들은 관찰 대신 검색으로 숙제를 하고,
가족 외식도 검색으로 장소를 찾고,
쇼핑도 저렴하게 하기 위해 검색을 합니다.
하지만, 검색으로 모든 것이 해결되지는 않죠.

새벽을 가르고 솟아오르는 태양의 감격,
아이들이 주는 행복감,

저녁 노을이 주는 뭉클한 감동은

아무리 검색을 잘해도 얻을 수 없습니다.

검색 대신 사색하며

기계가 주지 않는

삶의 매력을 찾아보시기 바랍니다.

일상을 여행처럼

여행을 떠나게 되면
무엇이든 새롭게 다가옵니다.
일상에서 매일 보던 거리와
별 다르지 않은 거리도
의미부여를 하게 되고,
조금이라도 다른 점을 찾으려고 애를 씁니다.

'왜 그럴까' 이유를 생각해봤더니
여행지에서는 작정하고 새로운 걸 발견하려는 의지
때문입니다.
나는 지금 시간과 돈을 들여 여기에 왔고,
이곳은 흥미로운 공간이고,
여기서 즐거운 일이 있을 것이라는

큰~ 기대감으로 차 있습니다.

흔히, '일상을 여행하듯이'란 표현을 쓰는데요,
즐거움을 벼르고 벼른 여행자처럼
흥미진진한 시선으로 주변을 본다면
오늘 하루가, 더 재밌지 않을까요?

메아리

산에 올라가서 "야호"라고 외치면
메아리가 "야호"라고 돌려줍니다.
"멋있다"라고 외치면
역시 "멋있다"란 말을 들려주죠,
살아가면서 무심코 던지는 말 역시
이 메아리와 같습니다.

따스한 말 한마디를 건네면
따스한 말이 돌아오구요,
의도치 않게 한 말이지만
상처를 주게 되면
결국 상처가 되어 돌아옵니다.

이런 저런 일들로 삶이 녹록친 않지만,

서로를 향해

"수고했어요, 잘하고 있어요, 고마워요"

이런 따스한 말 한마디,

건네보는 건 어떨까요?

함께하는 마음,

좋은 말이,

메아리처럼 돌아오는 하루를 응원하겠습니다.

4장

웃음이 필요한 날엔

기분좋은 거짓말

예전 학창시절, 만우절 기억나시나요?
선생님을 속이거나
장난 전화 등으로 문제가 되기도 했었지만요,
요즘은 가벼운 장난 정도로
재밌게 즐기는 날로 변했습니다.

그래선지 유통업계에선 '거짓말 같은 할인',
'진짜야?'싶을 만큼 황당한 신제품 등을 앞세우며
유쾌하게 흐름에 동참하고 있죠.

여러분의 오늘 하루는 어떠셨나요?
거짓말처럼 좋은 일, 하나쯤 있으셨나요?
사람들이 하는 거짓말 중에

가장 큰 거짓말은
'난 거짓말 한 번도 안해봤어'라고 합니다.
솔직히, 어머니들의 전설적인 멘트
'엄마는 짜장면이 싫어'부터
권위적인 상사의 "힘들면 말해"에
"아뇨, 괜찮습니다!"로 화답하는
생존형 답정너까지,
살다보면 나쁘지 않은 거짓말도 필요한 법이죠.

그렇다면, 여러분이 오늘 듣고 싶은
'기분좋은 거짓말'은 어떤 것이 있을까요?
'월급 벌써 들어왔대, 너 살 빠졌네, 예뻐졌네' 등등
센스있는 한 마디, 건네보시기 바랍니다.

남사친의 정체

오랜만에 지인을 만났더니
최근에 친절하고 스윗한 남사친을
많이 사귀었다고 해서 어리둥절했습니다.
그런데, 알고 보니,
남사친의 정체는,
의사쌤이었습니다.

이곳저곳이 아파 병원을 자주 찾아가는데
의사쌤을 만나러 간다고 생각하면 속상하니
'남자친구 만나러 간다'고 표현했습니다.
게다가 진료비만 내면
상세히 아픈 곳을 설명해주고 위로해주니,
이보다 더 좋은 남사친이 어딨겠냐고 웃었죠.

웃기면서도 한편으로는
긍정적인 해석이다 싶었습니다.
어차피 부딪히는 현실이라면,
재밌게 받아들이는 모습이 좋아보였습니다.

어떤 일이든, 어떻게 받아들이느냐에 따라
기분도 하루도 달라지겠죠.
이왕이면 가볍게, 가능하다면 웃으면서
지내 보면 어떨까요?

간판보다 중요한 건?

입시현실을 풍자한 영화나 드라마는
언제나 폭발적인 인기인데요,
방학임에도 가방을 메고
학원순례하는 아이들을 보면
남의 이야기가 아닌 것 같아, 씁쓸합니다.

하지만, 우린 알고 있습니다.
"콩 심은데 콩나고
팥 심은데 팥난다"는 불변의 진리를요,
아이들 성적이 뛰어나지 못한건!
인내력이 부족한 건!
나를 닮은 "내 자식"이기 때문입니다.

그리고,

간판과 행복이

비례하지 않는다는 것도 압니다.

나이 들수록 부러운 건,

돈도 명예도 아닌, 이 튼튼해서

임플란트 안하는 사람이라는 현실!

욕심 부리지 말고

있는 그대로 서로의 모습을 받아들이면서

행복을 찾으시기 바랍니다.

나의 관심사는?

인터넷에 화제인 우스갯소리 중에
길에 대한 내용이 있습니다.
술을 좋아하는 사람에게 길을 물으면,
"저쪽 코너에 막걸리 집이 있고
돌아가면 맥주집이 있고..."
옷을 좋아하는 사람에게 길을 물으면,
"왼쪽 옷집에서 300미터를 가면..."
이렇게 답한다고 합니다.

나의 관심사에 따라 보는 눈이 달라지는데요,
인생의 길 위에 선 지금,
여러분에겐 어떤 것들이 보이나요?
내가 어떤 사람이냐에 따라
이 길이 꽃길로도,
때론 흙길로도 보이겠죠?

탄력있는 피부?
탄력있는 마음?

건강하고 탄력있는 피부는
모두의 로망입니다.
손으로 쏙 눌러도 금방 탱탱하게
본 모습을 찾는 피부는
젊음의 상징이기도 한데요,
그런데, 이 탄력이
피부에만 중요한 건, 아닙니다.
마음에도 반드시 필요합니다.

살다보면 크고 작은 일이 생길 수 밖에 없습니다.
그럴 때마다 일희일비하며 지친다면
다시 예전 자리로 돌아오기가 힘들겠죠,
의연하게 대처하고
본 모습으로, 제자리로, 돌아오시기 바랍니다.

참 예쁘십니다

아침에 운동나갈 때마다
마주치는 할머니가 계십니다.
대략 여든쯤 되셨는데요,
어딘가로 바쁘게 가시면서도
동네분들을 만나면 환하게 웃으시며
"참 예쁘십니다"라고 덕담을 건넵니다.
이 말씀 한마디에
절로 미소가 지어지고,
인사를 건네게 되는데요,

한 살, 두 살 나이를 먹을수록
사람들에게서 인생이 보이고,
세월이 느껴집니다.

그리고, 누구나 사랑받는 존재라는 생각에
정성스럽게 대하게 되는데요,
'참 예쁘십니다' 한 마디엔
이런 마음이 모두 녹아있는 듯 합니다.

언제쯤 할머니처럼
세상을 "참 예쁘게"만 볼 수 있을까,
넉넉함이 부러워지는 오늘입니다.

다른 삶을 살았더라면?

봄바람 살랑살랑 불어오면
예전 추억이 많이 떠오릅니다.
'아, 나도 좋은 날이 있었지,
지금과 다른 삶을 살았다면 어땠을까'
이런 이들을 위해
배우 찰리 채플린이 명언을 남겼습니다.
"인생은 멀리서 보면 희극,
가까이서 보면 비극이다"

혹시 선택했을지도 모를 다른 삶 역시
멀리서는 좋아보이지만
가까이에서 보면,
비슷비슷, 거기서 거기까지입니다.

오랫동안 함께하며 지지고 볶고 살다보면
항상 "좋은 사람"은 없다는 것이 결론인데요,

결국, 삶은
눈물콧물 더해지는 비극일 수 밖에 없습니다.

비록, 대단치 않아 보이는 지금의 삶이지만
때론 잊어버리고, 때론 훌훌 털면서
즐겁게 보내시기 바랍니다.

부탄,
행복을 잃은 이유

얼마 전, 인기 세계여행 유튜버 빠니보틀의
영상을 보고 충격을 받은 적이 있습니다.
이 유튜버는 세계에서 가장 행복한 나라라고
꼽히던 부탄을 방문했는데요,
소박하고 욕심없는 삶으로
최고 행복한 나라로 꼽히던 부탄이
상당히 달라졌다고 합니다.
이유를 묻자,
택시기사는 'SNS'때문이라고 했습니다.

 SNS를 통해 바깥 세상을 알게 되면서
"비교"가 시작됐다는데요,
쓸쓸하기도 하면서

과연, 아는 것이 행복할까, 생각하게 됐는데요,

사실, 다른 이들과의 비교는
태어나는 순간부터 시작됩니다.
세상의 빛을 보면서부터
형제 자매와의 비교가 시작됩니다.
'형은 이랬는데, 누나는 어땠는데'
하면서요.

SNS를 접하면서부터는
모르는 타인과의 비교도 일상이 됐죠,
이런 비교가 평생을 함께한다면
고단할 뿐입니다.

우리가 평생 추구하는 것은,
행복이지, 비교가 아니겠죠?
과거의 나보다 지금 얼마나 발전해있는지,
스스로와의 비교만! 허용해보시기 바랍니다.

소금처럼만 살아라

세상에 의미있는 역할 또는 일을
"소금같다"고 말합니다.

소금은, 음식에 꼭 필요한 양을 쓴다면
맛을 내주고 몸 속 삼투압 유지라는
중요한 역할을 하기 때문인데요,
그런데, '저염식'이 건강의 대명사처럼 된 지금,
소금에 대한 평가는 박합니다. 왜 일까요?

이유는 "욕심"입니다.
더 자극적인 맛, 인기를 얻으려는 욕심이
과다 사용을 불렀고
고혈압, 심장콩팥에 대한 나쁜 영향 등

각종 성인병의 원인으로 지목되고 있습니다.
어디 소금만 그럴까요?
커피, 설탕, 술, 그리고 우리의 삶 역시
욕심으로 인해
잘못된 길을 가는 경우가 많습니다.

혹시 지금 지나친 욕심이
망치고 있는 건 없나요?

한 끗 차이

4계절 내내 우리 밥상을 책임졌던
김치에서부터
된장, 고추장, 간장, 식초까지...
한국 식탁의 기본엔 공통점이 있습니다.
바로, "발효"를 거쳤다는 건데요,
이 발효가 참 묘합니다.

과학적으로 발효는
미생물이 유기물을 분해하면서 부산물을
만드는 과정인데요,

부산물이 사람에게 이로우면 "발효",
해로우면 "부패"입니다.

우유가 부패하면,

배탈나는 상한 우유가 되지만,

발효하면, 건강에 좋은 요거트, 치즈가 됩니다.

그야말로 한 끗 차이인데요,

삶에서도 이 한 끗 차이, 제대로 살려봐야겠죠?

인생사 많은 일들이 있겠지만

끙끙 앓지만 말고, 제대로 발효시켜

명품밥상, 명품인생, 만들어봐야겠습니다.

돌밥돌밥시즌의 자세

요즘, 자녀들이 학생인 집들은
돌밥돌밥시즌에 돌입했다고 하는데요,
돌밥(돌아서면 밥),
즉 방학이 시작됐다는 거죠,
부모 입장에선 삼시 세끼 밥 차리기가 힘들지만
아이들은 학기보다 더 바쁘다는데요,
충분히 휴식도 취하고, 충전도 할만 하지만,
학원순례에 여념이 없습니다.
이유는, 다음 학기를 준비하기 위해서라고 합니다.

'나중에 덜 힘들게 하기 위해서',
또는 '실수를 줄이기 위해서'
아이들은 계속 바쁩니다.
미래의 어려움에 대비하기 위해

현재 많은 시간을
더 힘들게 보내고 있는데요,

삶에서 어려움은
누구나 겪어야하는 과정입니다.
철저히 준비한다고,
피해갈 수는 없습니다.
대신, 극복하는 과정을 겪으며
삶은 풍요로와지고 발전하게 됩니다.

당당하게 대처하는 자세를
물려주는 것이야말로
미래를 위한 가장 큰 준비, 아닐까요?

좋은 때다!

얼마 전, 20대 신입아나운서를 보며
"좋은 때다"라고 얘기하는 30대 MC를 보며,
40대 후반인 작가는 말씀하셨죠,
"차암~ 좋은 때다"

그 지인은 올해 연세 70이신 부모님께
항상 이런 이야길 듣는다고 합니다.
"인생에서 가장 좋은 때야"

70이신 부모님들은
모임에 나온 80대 언니, 형들에게
"내가 그 나이만 됐어도 (한숨),
참 좋을 때야"라는 이야기를 듣습니다.

알고보니, "좋은 때"는
우리가 미처 모르고 지나가는
"지금 이 순간"이었습니다.

이 나이를 지나고 있는 지금이야말로
세상에서 가장 좋은 때입니다.

지나간 시간 부러워말고,
마음껏, "좋은 때"를 즐기시기 바랍니다.

공든 탑이 무너지는데
걸리는 시간은?

굳이 여름이 아니더라도
다이어트는 건강을 생각하는 모두의 관심사인데요,
재밌는 생활명언이 있습니다.
"먹는 데 1분, 빼는 데 1시간,
먹을 땐 만원, 뺄 땐 100만원"
공감가시죠?
그런데, 어디 다이어트만 그럴까요?

'공든탑이 무너진다'처럼
열심히 열심히 노력했건만
한 순간의 실수로 모든 걸 날려버려서
되돌리는데 애먹는 경우가 꽤 많습니다.
축구경기에서도 폭풍같은 역습을 허용해서

바로 동점골을 내주는 순간,
다시 득점을 하기란 왜 그렇게 어려운지요.

뭐든, 내려오긴 쉽지만,
회복하기는 어렵습니다.

삶도, 건강도 마찬가지겠죠?
긴장 유지하면서, 잘 보내시기 바랍니다.

그냥 보내도 되는 시간은 없다

79세 할머니가 주인공인 베스트셀러 소설,
『메르타 할머니 시리즈』가 있는데요,
7~80대 다섯명이 강도단을 만들어
노인들이 행복한 세상을 만들기 위해
좌충우돌 사건을 벌이는 이야깁니다.
내용이 기발하죠?

이 책의 저자인
카타리나 잉엘만 순드베리 역시,
64세에 책을 쓰기 시작하면서
베스트셀러 작가가 됐는데요,

예전엔 노년의 삶을 떠올리면

평생 고생했으니 쉬어가며
하루종일 유유자적하는 삶을 떠올렸는데요,
이젠 활력넘치는 새로운 이야기들이 등장합니다.
청춘이든, 중년이든, 노년이든,
세상에 그냥 보내도 되는 시간은 없습니다.

한 번 밖에 살 수 없는 인생,
나이와 상관없이 지금 주어진 모든 순간을
재기발랄하게,
열정을 다해 살아야하지 않을까요?

장래희망

어렸을 때 친구들에게
장래희망을 물으면
"미스 코리아요"라는 답이 많았습니다.
과자를 좋아하는 친구는
"슈퍼마켓 사장님"이 되고 싶다고도 했구요,
제복이 멋있다고
경찰, 군인이 되고 싶다는 친구들도 있었죠.

언젠가부터 앞만보고 달리다보니
현실은 예전 꿈들과 많이 멀어졌는데요,
하지만, 꿈은 꾸라고 있는 겁니다.
꿈꾼다고 돈드는 것도 아니구요,

"꿈꾸는 자는 영원히 늙지 않는다"
라는 말도 있습니다.

지금 내 자리에서
실현 가능한 새로운 꿈에
도전해보시기 바랍니다.

돼지고기 기름에 대한 오해

한동안 건강의 적으로 여겨졌던

돼지고기 기름이

세계에서 가장 건강한 음식 8위에 올랐다는

놀라운 소식이 전해졌습니다.

적양배추, 토마토, 파프리카, 부추, 당근 등

건강한 음식의 대명사였던 채소류는 물론,

연어, 고등어 등 생선보다도

높은 순위라는데요,

비타민B와 비타민D, 미네랄 까지 풍부하다니,

건강에 나쁘다는 이유로 버렸던 기름을 생각하면,

속이 쓰립니다.

이쯤되면 그동안 오해했던

돼지고기 기름에게 사과를 해야할 것 같은데요,

결국, 시간이 답인 걸까요?

처음엔 '나쁘다'고 여겼던 것도,

알고보면 좋은 면이 있고,

'좋다'고 믿었던 것도,

시간이 지나면 다르게 보이기도 합니다.

사람 사이도 마찬가지입니다.

처음엔 오해로 멀어졌던 사이도

시간이 지나고, 이야기를 나누다 보면

어느 순간, "그땐 그랬구나!" 풀리는 법이죠.

혹시, 지금, 그런 마음을 안고 계신가요?

시간이 해결해준다는 사실, 잊지 마십시오.

* 본문에 인용된 내용은 2025년 4월 6일자 BBC 퓨처 조사를 바탕으로 한 것입니다. 해당 보도는 글로벌 저널에 실린 식품영양 연구 결과를 토대로 1,000개의 식품을 분석하여 건강에 유익한 상위 100개를 선정한 것으로, 영양 성분 점수에서 돼지고기 기름은 100점 만점에 73점을 받아 8위에 올랐습니다.

꿀단지

2017년 봄의 어느 날,
집이 마포여서 근처 우성아파트를 지나다
밤벚꽃 아래 사진을 찍고 있는 노부부를
보았습니다.

그 모습이 얼마나 아름다운지,
남편 앞에서 온갖 포즈를 취하고 있는
아내의 모습은 더없이 사랑스러워보였고,
처음 만난 연인과 같은 설레임과 풋풋함이
느껴졌죠, 두 사람의 모습에 뭉클함을 느껴
개편 첫 날, 그 처음의 느낌으로 글을 써보고자
아껴두었습니다.

모든 작가들이 그렇듯,
생각이 묵혀져야 오프닝이 되거든요.

숨겨둔 꿀단지마냥 아껴둔 내용을
요리조리 다듬어 글로 만들어,
봄개편 첫 날 오프닝으로 방송했습니다.
.
.
"활기찬 월요일입니다.
집 앞 아파트 화단을 지나가는데,
할아버지 한 분이
할머니의 사진을 정성껏 찍고 있었습니다.
꽃나무 아래 할머니를 바라보는
할아버지의 시선에선,
꿀이 떨어지고 있었는데요,

비록 주름지고, 배는 나오고, 살은 쪘지만,
할아버지 눈 속의 할머니는 처음 만났을 때,
그 모습 그대로인 것 같았습니다.

첫 만남, 처음 시작할 때를 생각하면
여전히 설레고
없던 의욕도, 힘도, 절로 불끈불끈 생겨납니다.

오늘 개편 첫 날인데요,
저 역시, 항상 초심 간직하며,
열정을 가지고, 힘차게 달리겠습니다."
.
.

그런데, MC가 오프닝을 마치고나니
문자가 들어왔습니다.
'어디서 들은 내용 같은데요?'

이런!!!
세상은 넓고 비슷한 생각은 많다?
꿀단지가 와장창 깨지는 느낌이었습니다.

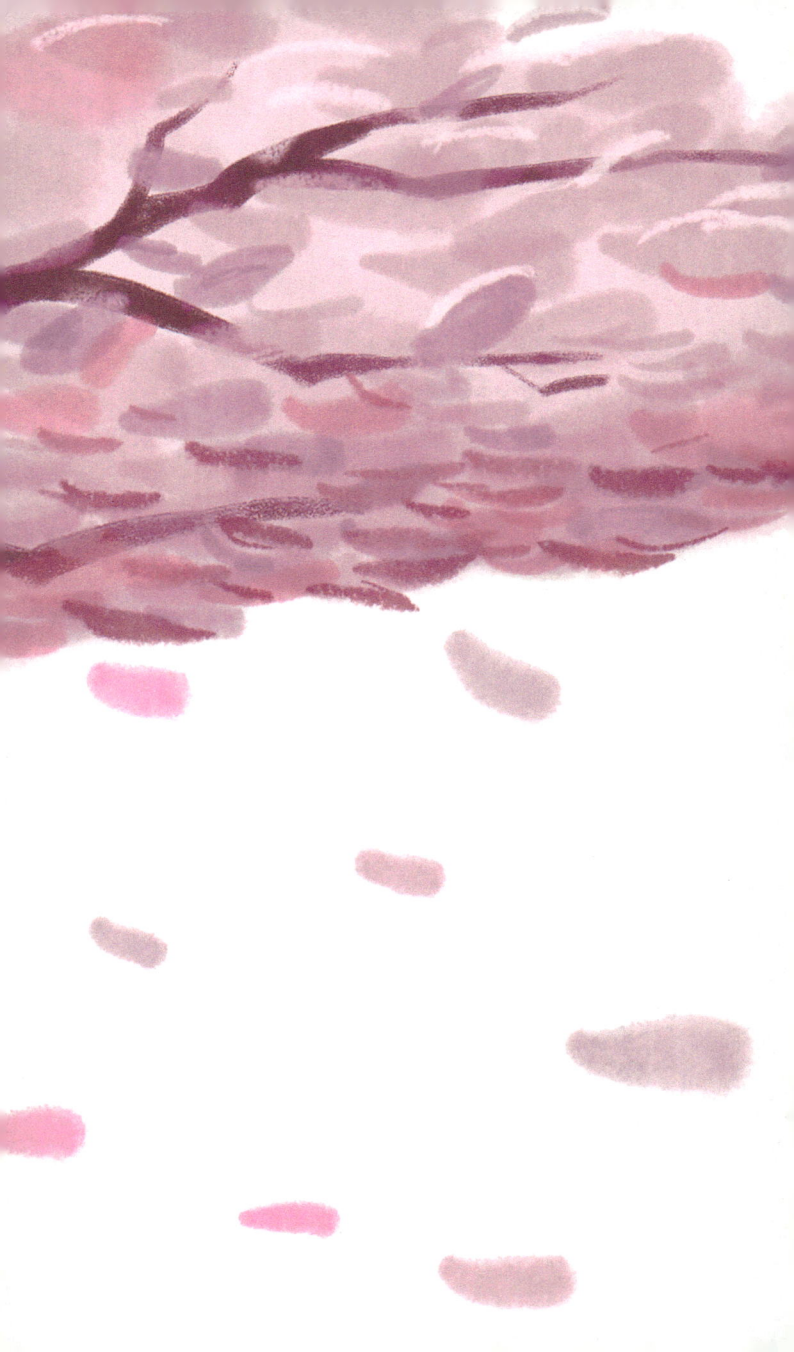

5장

계절이 건네는 이야기

봄꽃을 대하는 마음

집이 마포인 관계로 해마다 4월이면
버스는 윤중로 벚꽃 구경 가는 사람들로
북적입니다.

며칠 전, 역시 윤중로를 향하는 사람들로
가득찬 버스 안, 기대에 차서 창 밖 풍경에 몰두하던
사람들 사이로 한 승객이 버스 기사분을 향해 앙칼
지게 외쳤습니다.
"얻다대고 눈을 부라려요?"
잠시 정적.
그리고 기사분이 한숨을 쉬며 답했습니다.
"내 눈이 그렇게 보여요?
그러면 그렇다 칩시다!"

그 승객은, 분명 봄꽃 구경을 나왔을 터,
화사한 화장에 한껏 꾸민 모습이었습니다.
하지만, 표정과 목소리는
그 누구보다 사나와보였는데요,

어떻게 된 이유인지는 모르겠지만
이 좋은 봄날, 이 좋은 꽃구경에
굳이 그렇게 했어야했는지,
봄꽃을 대하는 마음도
챙겼어야 하지 않을까요?

봄의 속도

집을 나서는데,
벌써 목련이 지고 있었습니다.
요즘 꽃들 자라는 속도를 보면
아침이 다르고, 저녁이 다릅니다.

돌아서보면
훌쩍 자라있고 미련없이 떠나는 것이
봄꽃이라는 생각이 들구요,
시간도 그렇게 빨리 지나가는 느낌입니다.
흔히 60대는 60km로, 70대는 70km로
나이에 비례해서, 시간이 간다고 하는데요,
물론, 과학적인 근거는 없습니다.
하지만, 굳이 설명이 필요할까요?

좋아하는 사람과 있을 때는
빛의 속도보다 빨리 가던 시간이,
학창시절 수업시간엔 느리게만 갔습니다.

그렇다면, 해마다, 봄이 빨리 지나가는 것도
우리가 봄을 너무 좋아하기 때문, 아닐까요?

눈깜짝할 새 지나가버리는 이 봄,
애틋하게, 소중하게 보내시기 바랍니다.

마음 스틸러(Stealer)

도둑을 의미하는 영어로
'스틸러'가 있는데요,
주연배우 못지 않은 조연배우를
'장면을 훔치는 명연기'라는 뜻으로
씬 스틸러(Scene Stealer)라고 부릅니다.

그런데, 봄야말로
우리 마음을 훔치는, '마음 스틸러'입니다.
만개한 봄꽃들에, 라일락 향기,
기분이 절로 좋아지는 포근한 날씨,
쐬고만 있어도 건강해질 것 같은 햇살,
딸기, 참외, 토마토부터
주꾸미, 냉이, 달래 등등 식욕 돋구는 음식까지

곳곳에서 우리를 사로잡고 있습니다.

그렇다면,
난 누구의 '마음 스틸러'가 될까,
상상만으로도 설레는 봄날입니다.

'가정의 달'을 맞아
떠오르는 생각

요즘은 '보통의 삶'이라는 말이
점점 더 어색해지고 있습니다.
1인 가구, 청년 가구,
어르신 가구, 친구들과 함께 사는 가구까지
모두가 각자의 방식으로
자신만의 하루를 살아가고 있죠.

그래서일까요?
'가정의 달'이라는 말도
조금 더 넓은 의미로 다가옵니다.
부모와 자녀가 있는 전통적인 가족뿐 아니라,
혼자지만 든든하게 일상을 살아내는 이들,
반려동물과 함께하는 삶 등

다양한 관계들이 모여
'가정'을 이루고 있습니다.

이제는 다름을 인정하고,
서로를 존중해야 할 때입니다.
화려한 꽃들과 이름 모를 들꽃,
연초록 잎들이 조화롭게 어우러지는
이 계절처럼,
누구에게나 행복한 '가정의 달'이 되기를 바랍니다.

운동회의 기억

아침부터 동네가 떠들썩해서보니,
아파트 단지 안 초등학교에서
운동회를 하고 있었습니다.

예전엔 운동회 하면 주로 가을이었는데요,
요즘은 맞벌이 부부가 많다보니
근로자의 날이나
그 전 날에 많이 한다고 하네요,

어릴 적, 운동회 기억나시나요?
파아란 하늘에 만국기!
"청군 이겨라, 백군 이겨라"
목이 터져라 우리 팀을 응원하기도 하고,

특히 마지막 계주 경기는 하이라이트였죠.
아슬아슬 손에 땀을 쥐게도 하고
대역전의 이변이 발생하기도 했습니다.
때론 이렇게 행복했던 기억이
큰 힘이 되는데요,

산다는 것 자체가
하루도 편한 날 없지만
무탈하게 살아낸 것 만으로도
충분히 박수받을만 합니다.
하루의 마무리는 행복했던 추억의 힘으로
함께 해보면 어떨까요?

단오의 설레임

온 세상이 초록초록, 청량한 오늘은
초여름의 절기, 단오입니다.
단오 하면 춘향과 이몽룡이 떠오르는데요,
꽃단장을 하고 그네를 타던 춘향의 모습에
이몽룡이 반했다고 하죠,

두 눈에서 하트 뿅뿅 발생하던
몽룡의 모습을 상상하니
절로 미소가 지어집니다.

사실, 한 때는 우리 모두가 춘향과 몽룡이었죠,
지금은 연애세포가 많이 사라졌지만
잊어버렸던 '콩닥콩닥!!! 쿵쾅쿵쾅!!!'

이 두근거림을 떠올려보는 것만으로도
좋은 날입니다.

태양의 전성기, 하지

오늘은 절기상 하지입니다.
1년 중 태양이 가장 높이 뜨고,
낮이 가장 긴 시기인데요,
낮길이만 무려 14시간 이상입니다.
'태양의 전성기'라고 불러도 좋을 것 같은데요,

돌이켜보면,
우리 인생에서도 전성기가 있었습니다.
하루 24시간이 부족할 정도로 바삐 움직이고,
나를 필요로하는 누군가가 있고,
사회적 관계에서 빛나는 시기였을 텐데요,

하지만, 전성기가 지났다고
아쉬워할 필요는 없습니다.
요즘은 제 2, 제 3의 전성기란 말도 흔합니다.
반짝이던 시절은 지났지만
스스로가 안정을 찾고
삶을 돌아볼 수 있는 여유가 생겼다면
진정 가장 좋은 시기라고 할 수 있겠죠,

태양 역시 빛나던 하루를 마치고
아름다운 노을로 또 한 번 감동을 주듯이요,
여러분은 지금, 어떠신가요?

매우(梅雨) 라는 말의 낭만

여름의 특징은
찜통더위와 갑자기 쏟아지는 장마인데요,
옛날엔 장마를
'매우(梅雨)'라고 표현했다고 합니다.
그런데, 이 '매우(梅雨)'의 뜻을 알면
낭만적이기 이를 데 없습니다.

'매화나무 매(梅)'자와
'비 우(雨)'자의 결합으로,
'매실이 익을 무렵에 내리는 비'라는 의미라네요,

매화나무의 열매인 매실은
6~7월에 동그랗게 익습니다.
그래서 '매실 익을 무렵에 내리는 비-매우(梅雨)'!

아름다운 표현이죠?

사실, 인생이 행복해지는데는
돈을 많이 번다거나, 우주 개발과 같은
거대한 조건들이 필요한 게 아닙니다.

장마를 '매우(梅雨)'라고 표현하며
아름다움을 부여하는 일,
비오는 날 커피 한 잔 마시며 기분 좋아지는 것,
스스로의 의지만 있다면 가능한 일들이겠죠?

여름,
청춘의 열병

푹푹 찌는 무더위가 계속되고 있습니다.
하루종일 쨍쨍 내리쬐는 태양을 보니
마치 우리들 청춘과 같다는 생각이 듭니다.

뜨거움만큼은 그 어느 것 못지않지만
따스한 봄기운 햇살과 달리
포근히 세상을 감싸지는 못합니다.
패기 넘쳤지만 시행착오 많았던 젊은 날이
떠오르는데요, 하지만, 청춘의 열병을 앓고 나면
부쩍 성숙해져 어른이 되어 있듯이
이 뜨거운 여름이 지나면
세상 역시 한층 달라져있습니다.

그 이유만으로도 충분히

이 여름을 견딜 수 있겠죠?

여름의 불청객

여름이면 반드시 찾아오는 불청객,
어떤 것들이 있을까요?
밤새 귓전에 앵앵 울리는 모기?
장마? 폭염? 습도?
그리고, 이 모든 것들과 함께하는
불쾌지수가 있습니다.

불쾌지수가 높다보니,
사소한 일에도 화를 내고,
주변 분들에게도 폐를 끼치는데요,
'원래 그런거야'라고 생각하면
한결 견디기가 편합니다.

반갑진 않지만, 불청객도 손님은 손님이니까요,
여름이 가면 함께 떠납니다.

불쾌함 대신 맛난 과일들을 먹을 수 있어서,
수영을 할 수 있어서 등
그래도 여름이 좋은 이유들을 떠올리며
잘 견뎌보시기 바랍니다.

모래놀이

본격적인 폭염, 열대야가 시작됐습니다.
무탈하게 보내셨나요?
요즘 같은 때는 시원한 바다 생각이 절실한데요.

바닷가에서 모래놀이를 하다
모래를 한 움큼 쥐면
손바닥에 가능한 양을 제외한 나머지는
모두 밖으로 새버립니다.
손으로 쥘 수 있는 적정량이 있기 때문인데요.

사람도 마찬가지입니다.
스스로가 할 수 있는 한계 상황이 분명 존재합니다.

잘해보려고, 욕심 때문에,

할 수 있는 일 이상을 선택하고,

지나치게 생각을 많이 하다보면,

결국 과부하가 걸려 역효과를 냅니다.

그래서, '올바른 나 사용법'을

반드시 알아야 합니다.

끊임없이 배워나가며

할 수 있는 것, 없는 것을 깨닫는 것이야말로

안분지족(安分知足),

스스로에게 만족하는 지혜겠죠?

먼지만도 못한 고민 대신
오늘을!

여름도 어느덧 중간을 달리고 있습니다.
황량하던 겨울 풍경이,
화사한 봄꽃들로 만개하고,
다시 뜨거운 태양빛 가득한 여름으로 바뀌었습니다.

세월이 순식간에 지나가는 것 같아
쓸쓸함과 아쉬움이 남지만요,
한편으론,
현재에 집중하고 살아야겠다는 생각이 듭니다.

우린 항상 영원히 살 것처럼 행동하죠,
돌아보면 아무것도 아닌
먼지만도 못한 고민을 안고 끙끙대고,

걱정을 하고,
오지않는 미래 때문에 불안해합니다.
그리고, 오늘을 희생합니다.

주변을 한 번 돌아보시기 바랍니다.
초록초록한 잎들과 여름의 풍경들.
이 풍경만으로도 충분히 감사한 오늘입니다.

가을은 어느새

어느 날 문득,
라디오에서 들려오는 가을 노래가
부담없이 가슴 속으로 들려올 때,
가을은 어느새 우리 곁으로 다가와 있습니다.
아침 출근길, 따뜻한 차 한 잔이 그리울 때도,
장롱 안 코트가 생각나고,
옛 사랑이 떠오를 때도,
가을은 성큼 우리 곁으로 와 있습니다.

삶이 바쁘다보니
계절도, 시간도 느끼지 못할 때가 있습니다.
무덤덤하게, 당연한 듯이
겉옷을 챙겨입고, 따뜻함을 찾을 뿐이죠.

고개를 들어 하늘을 바라보시기 바랍니다.

가을의 시작입니다.
눈과 귀와 촉각, 모든 감각을 열어놓고
다가오는 계절을 느껴보시기 바랍니다.

메밀꽃

어렸을 때, 시골을 가면
까만 밤하늘에 별들이 촘촘히 박혀 있었습니다.
무수히 많은 별들이지만
각자 빛을 발하며
밤하늘을 수놓고 있었는데요,
요즘 한창 절정인 메밀꽃들도 마찬가지입니다.

한송이 한송이 눈에 띄지는 않지만
각자 하얗게 피어나니
소금을 뿌려놓은 듯
그 아름다움을 자랑하고 있습니다.
이 별들이, 이 꽃들이
바로 우리의 모습, 아닐까요?

사회에서, 직장에서, 돋보이지는 않지만,
각자의 자리에서, 함께 빛나는 존재!

최선을 다하는 '내'가 있어,
'우리'가 더 아름답게 느껴지는 오늘입니다.

그리움은
그리움대로

우동이냐? 가락국수냐?
아랫목에 10분 더 누워있느냐? 박차고 일어나느냐?
가을비와 부쩍 떨어진 기온에
이런 저런 고민에 빠지는 하루입니다.
옷은 따뜻하게 챙겨 입으셨나요?

이런 날엔, 괜히 옛생각이 많이 납니다.
아쉽게 헤어진 첫사랑도 떠오르구요,
학창시절 친구들, 선생님은 어디서 무얼 하고 있을까,
피천득 선생은 『인연』이란 수필에서
평생 그리워하던 아사코와의 세 번 만남 중
'세 번째는 아니 만났어야 좋았을 것이다'라고
고백합니다.

때론,
그리움 자체로
아름다운 인연도 있습니다.

마음 한 구석,
소중했던 누군가를 떠올리는 것만으로도
이 가을은 충분히 가치있지 않을까요?

가을꽃의 아름다움

여러분은 "가을"하면,
어떤 꽃들이 떠오르시나요?
"꽃"이라고 하면,
대부분 화사하고 흐드러지게 핀,
봄꽃들을 떠올리는 경우가 많은데요,
가을꽃의 아름다움도 만만치 않습니다.

가을하늘 아래,
한들한들 흔들리는 코스모스,
돌아와 거울 앞에 선 누님같은 국화꽃,
'흐뭇한 달빛에 소금을 뿌린 듯이 피어있는'
"메밀꽃 필 무렵"의 메밀꽃 등
하나하나 아름답지 않은 꽃이 없습니다.

뜨거운 여름의 태양과 장마를 인내한
가을꽃이야말로,
깊고 원숙한 아름다움이 있죠,
질풍노도, 폭풍같은 생의 순간을 이겨낸
중년과 노년의 아름다움처럼요.

이 아름다운 가을꽃과 함께 즐길 가을이
설레고 기대되는 하루입니다.

진정한 아름다움은
가을에...

흔히 계절을 인생에 비유할 때,
가을을 장년기 정도로 봅니다.
그리고, 진정한 아름다움은
가을에 있다고도 합니다.

한여름 치열한 삶의 열정을 이기고
여유와 성숙이 돋보이는 가을이야말로
계절의 꽃이라고도 하는데요,

하지만, 삶에 공짜는 없습니다.
씨를 뿌리고, 물을 주고,
뜨거운 태양과 매서운 바람을 견뎌야
결실의 가을이 오듯이,

여유와 성숙 역시 나의 노력의 열매입니다.

가만히 앉아 기다린다고

마음이 더 넓어지거나 깊어지는 건 아닙니다.

이해하고 배려하며 노력할수록

가을과 닮아있는 나를 발견하겠죠.

이 가을엔,

보다 현명해지고 성숙해진 여러분을

기대해보겠습니다.

이젠 내려올 시간

아침 저녁 찬바람이 불어오더니,
벌써 단풍소식이 들려오네요,
올가을 단풍이
설악산 산정상인 대청봉을 중심으로
물들기 시작했다고 합니다.
알록달록 아름다운 단풍들과 함께 할 가을산을
생각하니, 절로 기분이 좋아지는데요,

가을이 되면
가장 많이 하는 운동 중의 하나가
등산이겠죠,
그런데, 이 등산에서 가장 중요한 것이
하산이라는 것, 알고 계시나요?

올라갈 때는 다리에 힘을 주지만,

내려올 때는 힘이 풀려,

큰 부상이 발생할 수도 있다는데요,

뜨거운 열정의 여름을 지나 도착한 가을 역시

이 하산과 비슷하지 않을까요?

한 해의 하산격인 가을,

지친 몸과 마음을 한 번 더 다잡으면서,

남은 한 해를, 멋지게 마무리해야겠습니다.

겨울의 초입,
물의 성질

찬 바람이 불면서
야외활동보다는 실내생활을 더 선호하게 되는데요,
이럴 때 중요한 것이 "물"입니다.
피부도 건조하고, 공기도 건조해지기 때문에
물을 수시로 마셔야합니다.
건강을 위해서 물은 필수적이지만요,
저는 이 "물"의 성질이 좋습니다.

물은 막으면 고이고,
차면 넘치고, 또 돌이 있으면 돌아갑니다.
살다보면 실타래처럼 엉켜
일이 잘 풀리지 않는 경우가 있습니다.
그럴 때 억지로 진행하려고 하면

오히려 더 얽히게 마련이죠,
물처럼 잠시 쉬었다 또는 돌아가면
뜻밖에 쉽게 풀릴 수가 있습니다.

환절기 건강, 물로 챙겨보시구요,
이 물의 성질처럼,
힘든 일들이 있다면
잠시 돌아가는 지혜도 발휘해보시기 바랍니다.

집으로 가는 길은 여러 가지!

겨울의 빅 이벤트인
설명절 KTX 예매가 시작됐습니다.
새벽잠 설치며 열심히 클릭했건만
표를 못구한 분들이 많을 텐데요,
실망은 이릅니다.

다음 주 SRT 예매가 있구요,
고속버스 예매,
또, 승용차로 가는 방법도 있습니다.
회사차량을 이용하는 방법도 있겠죠.
비록, 첫 시도는 성공 못했지만
갈 수 있는 방법은 다양합니다.

인생길도 마찬가지입니다.

'이 길 아니면 안돼'

이렇게 반드시 가야만하는 길은 없습니다.

살다보면, 원치않는 길로

가야할 때도 있지만요,

기죽지 말고, 속상해마시기 바랍니다.

세상은 넓고,

길은 너무나 다양하니까요!

김치와 곰국

요즘은 사먹는 분들이 많아졌지만
예전엔 겨울이면,
어머니들은 김치를 담그고,
또 곰국을 끓이셨습니다.
따끈따끈한 곰국과 김치 하나면
봄이 오기까지, 밥상이 든든했는데요,
알고보면 김치와 곰국 모두
긴~ 인내의 시간이 필요합니다.

김치가 제대로된 맛과 영양을 내려면
발효까지 오랜 시간을 견뎌야하고,
곰국이 뽀얀 국물을 우러내려면
역시 꼬박 하루의 인내가 필요합니다.

오랜 시간을 견딘 이 음식들이야말로
깊은 맛이 우러나는 영양식이 되는 거죠,
긴 시간 공을 들여야
제대로된 결과를 거둘 수 있다는 사실,

김치도, 곰국도,
그리고, 우리 삶도 마찬가지 아닐까요?

(아, 흰밥에 김치 쫘아악 찢어서,
곰국에 말아먹고 싶네요)

간장과 된장맛의 비결

해마다 이맘때면 시골에선 메주를 쑵니다.
메주콩을 불려서, 삶고,
또, 메주틀에 넣어 말려주기를 며칠,
이렇게, 건조와 숙성을 거친 메주는
소금과 혼합해 더 오랫동안 숙성 후,
우리의 전통음식, 간장과 된장이 되죠.

오랜 기다림과 정성이
우리 식탁을 지켜주는
간장과 된장 맛의 비결일 텐데요,

살다보니, 기다림과 정성이 필요한 건,
메주만이 아니더라구요,

우린,

인생을 위해

어떤 기다림과 정성을 쏟고 있을까요?

겨울,
뭉클의 순간

겨울이 성큼성큼 다가온 한 주였습니다.
뚝 떨어진 기온이
어깨를 움츠러들게 했는데요,
강원산간에는 대설주의보까지 내렸다는 소식입니다.

예전엔, 눈이 오면, 찬바람이 불면,
괜히 기대되고, 설레곤 했었습니다.
눈길을 걸어야할 것도 같구요,
뭔가 좋은 일이 생길 것도 같았죠,
하지만, 이제는 덤덤하기만 한데요,

대신, 더 많은
"뭉클"의 순간이 다가오네요,

찬바람 맞으며 출근하는 이들을 보며,
부지런히 낙엽을 청소하는 분들을 보며,
새벽부터 땀흘리며 일하는 이들을 보며,
뭉클해지고 감동받습니다.

설렘은 사라졌지만 더 많이 뭉클해하며
다가오는 겨울도, 잘 보내야겠습니다.

1988년 학력고사날

대한민국 모두의 가슴을 졸이게 하는 단어,
"수능"
하지만, 우리 아이들은 끝난지 꽤 됐고
조카들까지 모두 입시판을 떠났으니
이젠 잊혀진 단어가 될 만도 하지만요,
해마다 11월이 되면,
괜히 가슴이 뭉클해진답니다.

때는 1988년, 당시엔 대학교에 직접 가서
공부할 강의실에서 시험을 치는 학력고사였습니다.
점심 시간이라 밥을 먹고,
다음 시험 준비를 하고 있을 때였습니다.
문이 열리더니, 누군가 들어와서,
큰 소리로 제 이름을 불렀습니다.

"김규희 학생! 김규희 학생!"

지방에서 서울로 올라왔기 때문에

아는 사람들이 없었는데요,

어안이 벙벙해서, 손을 드는 제게,

그 분은 캔커피를 하나 건넸습니다.

"아휴, 아버님 대단하세요~ 이거 꼭 전해달라고 하셔서
요" 얼떨떨해하며 받은 캔커피는 따끈따끈했습니다.

커피를 건넨 분은 이어서 말했습니다.

"나는 이 대학, 학생이예요, 아버님이 식을까봐 계속
손으로 문지르고 계셨어요, 그리고 강의실 들어오려니
꼭 전해달라고 부탁하시더라구요"

기억하기로, 당시엔 엄청난 한파가 닥쳤습니다.

말만 해도 입김이 얼어버릴 것 같았는데요,

어머니, 아버지는 하루종일

시험장 밖에 서서 저를 기다리고 계셨죠,

수능시험 때문에 부모님은,

직장생활 첫 휴가를 내셨고, 서울에 올라오셨습니다.

또, 전날 꼬박 밤을 새우면서

반찬, 오곡찹쌀밥을 만드셔서 점심도시락을 만든 후
숙소 제일 따뜻한 곳에 넣어두셨죠,

그래도 부족했는지,
안에서 시험 치를 딸을 생각하며
살을 에는 한파 속에서
캔커피를 그렇게 열심히 데우고 계셨나봅니다.

떠올릴 때마다 눈물나는 부모님의 사랑.
덕분에, 소중한 딸이 스스로의 삶 속에서
반짝 반짝 빛나길 바라며 지은 이름,
별 규(奎) 바랄 희(希),
'별을 바란다'라는, 이름값 그대로,

이 넓은 우주에서 작은 빛을 내며 아직도 방송국에서
글쓰는 작가로 잘 살아가고 있습니다.

1분,
당신에게 닿기를

초판 1쇄 발행	2025년 09월 05일
2쇄 발행	2025년 09월 19일
3쇄 발행	2025년 09월 29일
지은이	김규희
발행처	인디펍
발행인	민승원
출판등록	2019년 01월 28일 제2019-8호
전자우편	cs@indiepub.kr
대표전화	070-8848-8004
팩스	0303-3444-7982
디자인	아홉프레스 @sah00247
그림	이민주 @minzoo_pictures | @zoodrawyourlife
이메일	misshydec@naver.com
인스타그램	@dailywriter_kim
정가	15,000원
ISBN	979-11-6756-726-0 (03810)